I0505851

ADRUALDO DE LIMA CATÃO

Doutor em Direito pela Universidade Federal de Pernambuco.
Professor Adjunto da Universidade Federal de Alagoas, do Centro
Universitário CESMAC e Professor Titular do Centro Universitário
Tiradentes. Secretário Executivo do Gabinete Civil do Governo do
Estado de Alagoas.

ESTUDOS SOBRE PRAGMATISMO JURÍDICO

EDITORA MERAKI

Copyright © 2020 Editora Meraki

Todos os direitos reservados.

ISBN: 979-86-407-7394-1

Acompanhamento editorial Leonam Liziero
Capa Leonam Liziero

Editora Meraki
Conselho Editorial
Alexandre Walmott Borges (UFU)
Alessandra Silveira (UMinho)
Ari Marcelo Solon (USP)
Dawid Bunikowski (UEF)
Diva Julia Safe Coelho (PNPD-CAPES/UFU)
Felipe Magalhães Bambirra (UniALFA)
Gonçal Mayos (UB)
José Carlos Remotti (UAB)
Osvaldo Alves de Castro Filho (UFMS)
Saulo Pinto Coelho (UFG)

Dedico a Thatyane, Raul e Rafa

Sumário

PREFÁCIO

A interpretação do Direito, no Brasil, enfrenta uma crise quase permanente. Enquanto em vários países ocidentais já existe certo "padrão metódico mínimo" na aplicação das normas jurídicas, isso por aqui ainda não acontece, havendo poucas decisões judiciais de maior relevância social que não são comentadas na comunidade jurídica de maneira polêmica. Entretanto, dificilmente a doutrina estabelece propostas nítidas ou sugere caminhos metódicos e argumentativos específicos. Tampouco ela costuma problematizar as possíveis ou prováveis consequências da interpretação das leis no caso concreto. Os tribunais e órgãos administrativos nacionais, porém, terão de ajustar os seus processos de tomada de decisão nesse sentido, já que, em 2018, foi alterada a Lei de Introdução às Normas do Direito Brasileiro, que passou a conter várias regras sobre a fundamentação das decisões de todos os órgãos públicos. Assim, foi introduzido oficialmente o consequencialismo no sistema jurídico brasileiro, baseado na ideia de que a escolha entre diversas interpretações possíveis deve ser feita a partir de suas respectivas consequências práticas. A teoria do consequencialismo encontra as suas raízes na filosofia norte-americana do pragmatismo, representada por autores como C. S. Pierce, W. James, O. W. Holmes, J. Dewey, R. Rorty e R. Posner. Todavia, a teoria do "pragmatismo jurídico" está pouco presente no meio jus-acadêmico nacional. Muitos docentes da área do Direito rejeitam qualquer tipo de pragmatismo porque ligam o termo a atitudes "neoliberais" que prestigiariam os "interesses econômicos", em detrimento da "justiça social". Essa reserva mental explica também a pouca divulgação das teorias de "Análise Econômica do Direito" nas nossas faculdades. Vale frisar, contudo, que, para o pragmatista, a decisão preferível é sempre aquela que melhor corresponder às necessidades humanas e sociais, ainda que existam, obviamente, várias maneiras e propostas para definir o conteúdo dessas necessidades. Por isso, considero bastante útil e produtivo que livros como o presente, de autoria de Adrualdo Catão, Professor de Filosofia do Direito da UFAL, cheguem nas mãos dos estudantes, para que eles tenham a oportunidade de se aprofundar na matéria e formar a sua própria opinião. Afinal de contas, a universidade, aqui como alhures, continua tendo como função mais nobre a promoção da livre disputa intelectual entre argumentos e ideias, em vez de ser o palco da decretação unilateral de posições ideológicas.

Andreas J. Krell

Doctor Juris pela Freie Universität Berlin. Prof. Titular de Direito Ambiental e Constitucional da Faculdade de Direito da Univ. Federal de Alagoas (FDA/UFAL), na Graduação e no Mestrado em Direito. Coordenador do Mestrado em Direito da FDA/UFAL. Colaborador permanente do PPGD da Faculdade de Direito do Recife (UFPE). Pesquisador bolsista do CNPq (PQ – nível 1A).

INTRODUÇÃO

Este livro é fruto de uma reunião de artigos filosóficos sobre temas que envolvem o pragmatismo filosófico e jurídico e a influência desta visão para a filosofia do direito. São textos que já foram publicados em revistas acadêmicas especializadas ou obras coletivas.

A temática central do trabalho envolve a possibilidade teórica de uma abordagem pragmatista no estudo de temas como a fundamentação dos direitos humanos e epistemologia jurídica, objeto de minhas pesquisas e interesses mais recentes.

A união de temas semelhantes na forma de um livro provoca a necessidade de adaptação dos textos originais, de forma a conferir-lhes uma concatenação temática mais coerente, o que evita a repetição de ideias e proporciona uma abordagem coordenada do tema proposto.

Todavia, sendo trabalho que reúne textos divergentes, não há necessidade de uma conclusão formal, já que a ideia do presente livro é a de reunir os textos pela convergência temática, sem, no entanto, apresentar uma tese específica.

Quanto ao conteúdo, a base teórica do trabalho é justificada já no primeiro capítulo, que serve para mostrar a visão pragmatista como uma postura antiessencialista da filosofia. Neste capítulo, a ideia pragmatista de Richard Rorty é apresentada como uma possibilidade teórica de análise de temas filosóficos, e servirá como apresentação da visão que percorre todo o livro.

Seguindo a linha do raciocínio, o segundo capítulo propõe a tese de que a visão pragmatista da fundamentação dos direitos humanos proporciona uma melhor compreensão da complexidade social, criticando propostas fundacionistas que defendem a universalidade dos direitos humanos num sentido metafísico.

No terceiro capítulo, o pragmatismo americano é a base da crítica ao que se convencionou chamar de "teoria política do reconhecimento" e à possibilidade de que a postura relativista de tais teorias pudesse levar à defesa de identidades fixas e à ênfase no conceito de luta como resposta aos pleitos de reconhecimento de grupos marginalizados.

O capítulo quarto é um paper simples sobre a aplicação das ideias pragmáticas ao ensino do direito, especialmente do direito civil. O quinto capítulo foi publicado em revista acadêmica e aborda questões atinentes ao pragmatismo jurídico e interpretação constitucional, demonstrando como a visão mais cética do pragmatismo leva a um experimentalismo cuidadoso no direito constitucional.

O sexto é fruto de uma apresentação de trabalho em congresso internacional, especificamente o Congresso Europeu de Pragmatismo e aborda a questão da proibição do uso do véu na França e seu julgamento pelo Tribunal Europeu de Direitos Humanos.

Em seguida trago o trabalho apresentado no Congresso Internacional de Filosofia do Direito (IVR) que trata da relação entre o pragmatismo de Oliver Holmes Jr. e a Análise Econômica do Direito.

Quanto à apresentação física, a escolha pela referência bibliográfica completa apresentada sempre no rodapé da folha e sem referência a siglas como op cit. ou equivalentes se justifica pela pelo fato de que a referência completa facilita a visualização imediata do autor e da obra, sem a necessidade de remeter o leitor ao final do texto. O rodapé servirá, também, para a elaboração de comentários e esclarecimentos que não deveriam constar no corpo do texto.

1

A PROPOSTA DE UMA VISÃO PRAGMATISTA DA FILOSOFIA: APROXIMAÇÃO ENTRE PRAGMATISMO E HERMENÊUTICA

1.1 Introdução: o pragmatismo na proposta de Richard Rorty

Neste primeiro capítulo pretende-se apresentar a filosofia do pragmatismo americano como movimento antiessencialista e antirepresentacionista. Trata-se de uma forma de rompimento com os dualismos metafísicos sujeito-objeto, aparência-realidade, essência-acidente, característicos da filosofia clássica, aproximando pragmatismo e hermenêutica e culminando na proposta de uma filosofia voltada para a conversação.

A ideia está centrada na superação de concepções metafísicas, baseadas no entendimento de que a função do pensamento é descobrir a essências das coisas do mundo, que propicia um entendimento livre dos dualismos acima mencionados, levando-se ao desenvolvimento do que se pode denominar de reviravolta linguístico-pragmática da filosofia contemporânea (OLIVEIRA, 1996).

Nesse sentido, a tese pragmatista que se pretende abordar é aquela apresentada por Richard Rorty, segundo a qual num novo mundo filosófico, *"we shall no longer think of either thought or language as containing representations of reality"* (RORTY, 2003).

3

Assim, não se deve tentar encontrar no pensamento ou na linguagem, representações da realidade, desde que o conhecimento não é conhecimento de essências, ou da coisa em si, mas sim um ato condicionado aos interesses e necessidades humanas, sempre inserido num ambiente linguístico, abrindo espaço à concepção hermenêutica da filosofia.

O que se pretende inicialmente é demonstrar a utilidade da tese pragmatista do antiessencialismo para a superação de dualismos metafísicos, de forma a propiciar-se uma visão hermenêutica do conhecimento, inserido que está o sujeito num ambiente linguístico e, pois, histórico, cultural, temporal e finito.

E é nesse ponto que se encontra a concepção central do pragmatismo de Rorty: na substituição da pergunta "estou eu descrevendo o objeto em sua realidade ou apenas sua aparência?" pela pergunta: "estou eu usando a melhor descrição possível para a situação em que me encontro?" (RORTY, 2003).

É a possibilidade do que ele chama de uma "filosofia edificante" (RORTY, 1988, p.283), que serve para desconstruir as tentativas de fundamentação absoluta do conhecimento, pugnando por uma visão da atividade do conhecer como superação de problemas para uma vida melhor, sendo esta proposta o que se pretende abordar nesse capítulo em suas possíveis consequências e limitações para o direito.

1.2 Pragmatismo como antiessencialismo: crítica à concepção de um mundo com essências a serem conhecidas

O pragmatismo de Rorty, sendo uma filosofia da ação, quer acabar com a distinção entre conhecer coisas e usá-las. Para isso, apresenta-se contra a tese de que as coisas do mundo tenham uma essência a ser descoberta e de que, portanto, seria função do conhecimento buscar essa essência.[1]

A ideia de que conhecer algo é buscar a sua essência seria uma reminiscência das teorias clássicas gregas e se refere ao dualismo metafísico essência-acidente, que, por outro lado, diz respeito à distinção entre extrínseco e intrínseco, sendo esta a distinção que

---

[1] "Sin embargo, para hacer plausible esa afirmación, los pragmatistas tienen que atacar la idea de que conocer X es estar relacionado con algo *intrínseco* a X, mientras que usar X es estar en una relación accidental, *extrínseca* a X." (RORTY, 2001, p. 47).

uma filosofia que se considere pragmatista deveria superar, utilizando-se do que se chama de antiessencialismo (RORTY, 2001, p. 47).

Para o pragmatista nada há em um objeto que não seja relacional, inexistindo nesse objeto algo como uma essência a ser pesquisada, de forma que qualquer definição de algo será sempre uma relação deste objeto com outros, e não algo que o mesmo seja "em si".

Na tentativa de se livrar da concepção de que existem essências a serem descobertas pela atividade do conhecimento, tenta-se apresentar a tese pragmatista de que não há sentido em falar na distinção entre essência e acidente, já que, não somente no caso dos números, mas no que se refere a qualquer tipo de coisa, o que há para conhecer são as suas relações com outras coisas.

Neste ponto tem-se a consideração de que a linguagem é o único acesso do sujeito ao mundo. Sendo assim, não haveria nada para conhecer acerca de algo que não fossem os enunciados que o descrevem através de orações, sendo, cada uma dessas relações, nada mais que descrições implícitas ou explícitas de suas relações com outros objetos (RORTY, 2001, p. 53).

Todo conhecimento se dá, portanto, na forma linguística, sendo que todo conceito é nada mais que descrição relacional do objeto. A tese de Rorty sustenta que não pode haver um ponto arquimediano de medida sobre qual das descrições é mais ou menos correspondente à natureza intrínseca do objeto, já que cada descrição servirá a interesses e propósitos diferentes.

Ao tentar descobrir a natureza intrínseca de uma mesa, por exemplo, de nada adianta bater na mesa como forma de se adquirir um conhecimento intrínseco ou não-linguístico da mesa. Para o pragmatista, para saber o que é a mesa, não há melhor resposta que: "*aquello con respecto a lo qual los siguientes enunciados son verdaderos: marrón, fea, dolorosa ante um movimiento enérgico de la mano, capaz de interponerse em el camino, he-cha de átomos, etcétera*" (RORTY, 2001, p. 56).

Assim, não há distinção entre as coisas como elas são em si e o que se fala delas. De forma que todo conhecimento é linguístico, não há como sair do ambiente da linguagem para designar a essência das coisas. Não se conhece algo sem saber que tipo de orações sobre o mesmo são verdadeiras.

Rorty acredita, pois, que a preocupação de se separar a coisa de suas relações é uma preocupação vã. Isto porque, não poderia "haver nenhuma diferença em alguma parte que não faça uma diferença em outra parte" (JAMES, 1967, p. 46). Se assim o é, não há que se perscrutar sobre ter alcançado ou não a essência da coisa, a despeito das relações a que esta coisa está submetida e de que forma ela pode ser útil aos propósitos e necessidades humanos.

Assim, ao contrário de se buscar uma essência, é mais útil buscar no vocabulário da prática e da ação, do que no da teoria e da contemplação alguma informação sobre o significado das coisas do mundo.

O fato é que, se todo conhecimento é linguístico, e as coisas nada mais são do que orações sobre as mesmas, sendo que estas orações são sempre o estabelecimento de relações, não há sentido em se perguntar sobre sua "essência", posto que não há uma "essência" sem correspondência com as necessidades humanas.

1.3 Pragmatismo como teoria anti-representacionista: a verdade como descrição mais útil do mundo para um futuro melhor

Um ponto fundamental na obra de Richard Rorty é a tentativa de superação do dualismo metafísico aparência-realidade: superar a idéia de que a investigação científica poderia apresentar o que "é" independentemente das necessidades e interesses humanos (RORTY; MURPHY, 1993, p. 08).

Somente com a manutenção do dualismo aparência-realidade pode-se pensar em alguma forma de investigação que possibilite uma visão das coisas como elas "são", sem referência aos interesses e necessidades humanos.

Assim, Rorty apresenta a noção de crença como possibilidade de lidar com os problemas da realidade, mas não como algo representativo dessa realidade. Nesse sentido, as crenças seriam verdadeiras ou falsas na medida em que elas lidem bem ou mal com os problemas da realidade.

A ideia do conhecimento como representação da realidade é considerada inútil como teoria filosófica, já que seria vão perguntar se um vocabulário utilizado em uma dada investigação está mais próximo da realidade do que outro, posto que cada vocabulário serve a um propósito específico:

> Em particular, não há propósito algum que consista simplesmente

em "descobrir como as coisas são", oposto ao propósito de descobrir como prever seu movimento, explicar seu comportamento, etc. Não se comunica nada se se disser, com Locke e Williams, que o vocabulário no qual nós prevemos o movimento de um planeta está mais em contato com o modo com as coisas realmente são do que o vocabulário no qual atribuímos ao planeta influência astrológica; porque dizer que a astrologia não está em contato com a realidade não pode explicar porque ela é inútil; apenas repõe este facto em termos representacionistas enganadores (RORTY; MURPHY, 1993, p. 10).

Veja-se que descobrir a verdade é nada mais que descobrir a relação do que se investiga com outras coisas do mundo e não encontrar realidade do que a coisa é em si. Segundo Richard Rorty, o pragmatismo vem gradualmente se desligando dessa tentativa, que ainda apresentava resquícios na obra de Peirce, por exemplo, quando o mesmo fala em uma espécie de consenso da comunidade de cientistas para o alcance do que poderia se chamar de realidade (RORTY; MURPHY, 1993, p. 10 e 11).

Nesta linha de raciocínio, qualquer tentativa de se encontrar um procedimento racional por si mesmo, por meio de um consenso ou de uma investigação ideal em nada é mais útil do que se tentar alcançar uma correspondência com a realidade, pois também se configura numa tentativa de encontrar um sentido absoluto para a palavra verdade (RORTY, 2001, p. 24).

A crítica de Rorty[2], porém, não faz desaparecer a tese do fundador do pragmatismo, de que a verdade não pode ser nada além do que um "estado de crença inatacável pela dúvida" (PEIRCE, 2000, p. 289). Peirce admite que existem coisas que o sujeito não duvida, mas que, assim mesmo, não se deve encarar tais crenças como verdades absolutas, pois essas crenças podem, ao longo da vida, converter-se em novas dúvidas que poderão ser suplantadas por outras crenças: "É certo que aquilo em que o leitor não se pode impedir de acreditar hoje poderá amanhã ser inteiramente

---

[2] Rorty, inclusive, dá menos importância ao pensamento de Peirce quanto ao pragmatismo, chegando a afirmar que "A sua contribuição para o pragmatismo foi meramente ter lhe dado um nome, e ter estimulado James" (RORTY, 1999, p. 232). Destaque-se que, após ter dado o nome de pragmatismo à filosofia que apresentava, Peirce, por discordar de alguns pontos que estavam sendo apresentados por James e outros filósofos, mudou o nome da sua filosofia para pragmaticismo (PEIRCE, 2000, p. 285-287).

desacreditado pelo próprio leitor" (PEIRCE, 2000, p. 289).

A crença é, além disso, uma forma de criação de um hábito, uma regra de ação:

> As it appeases de the irritation of doubt, which is the motive for thinking, thought relaxes, and comes to rest for a moment when belief is reached. But, since belief is a rule for action, the application of which involves further doubt and further thought, at the same time that it is a stopping place, it is also a new starting-place for thought (PEIRCE, 1980, p. 121).

Para Peirce, a crença suplanta a dúvida num primeiro momento, mas inicia um outro estágio do conhecimento que se refere à ação. A função da crença é estabelecer um hábito. Neste ponto, diferentes crenças distinguem-se pelos diferentes hábitos que provocam (PEIRCE, 1980, p. 121). Daí o pragmatismo ser uma filosofia da ação que, como tal, deve ter uma concepção de verdade referente a esta característica, senão veja-se:

> It appears, then, that the rule for attaining the third grade of clearness of apprehension is as follows: consider what effects, which might conceivably have practical bearings, we conceive the object of our conception to have. Then, our conception of these effects is the whole of our conception of the object (PEIRCE, 1980, p. 124).

Percebe-se, pois, que, ao se considerar todos os efeitos possíveis de um determinado objeto, nossa concepção desses efeitos é a concepção completa do objeto. Assim é que, como não se pode afirmar quais são todos os efeitos possíveis que um determinado objeto possui agora ou virá a possuir no futuro, a concepção do objeto está limitada pelos efeitos que se apresentam no momento da investigação, considerada historicamente.

Assim, os pragmatistas não creem que possa haver algo como uma verdade representativa da realidade. O que pode haver é uma distinção entre definições mais úteis e menos úteis e não uma distinção entre aparência e realidade (RORTY, 2001, p. 14). Deste modo, mantemos as crenças com as quais conseguimos lidar bem com os problemas, aquelas que "demuestran ser guías confiables para obtener lo que queremos" (RORTY, 2001, p. 26).

É nesse sentido que James afirma:

> Se há qualquer vida que seja realmente melhor do que a que devemos levar, e se há qualquer idéia que, em sendo acreditada, ajudar-nos-ia a levar tal vida, então seria realmente *melhor para nós*

acreditar nessa idéia, *a não ser que, na verdade, a crença que se lhe depositasse colidisse incidentalmente com outros benefícios vitais de maior vulto* (JAMES, p. 59).

Esses benefícios vitais são nada mais nada menos que benefícios concedidos por outras crenças, tornando-as mais compatíveis do que as outras. "Em outras palavras, o maior inimigo de qualquer de nossas verdades pode ser o resto de nossas verdades" (JAMES, p. 59). Ademais, "Dado que nadie conoce el futuro, que nadie sabe qué creencias permanecerán o no justificadas, no hay nada ahistórico que decir acerca del conocimiento o de la verdad" (RORTY, 2001, p. 40).

A negação do dualismo aparência-realidade significa encarar o conhecimento não como a forma de obter a representação exata da realidade, ou de encontrar um fundamento único e atemporal para a mesma, mas sim de conseguir lidar com os problemas humanos à medida que surgem na vida.

A verdade, destarte, está, para o pragmatismo, muito menos relacionada com uma realidade existente por si mesma do que com uma assertiva que possibilite um futuro melhor com a dissolução de problemas práticos surgidos na vida, caracterizando-se o pragmatismo como uma teoria filosófica que tende a buscar não uma forma ou método de se encontrar a verdade, mas sim apresentá-la como algo referente às necessidades humanas para uma vida melhor.

1.4 Giro Linguístico e Representacionismo: a tentativa de uma linguagem ideal representativa da realidade

Segundo a narrativa de Rorty, a história da filosofia estaria pautada por verdadeiras revoluções contra as práticas de filósofos precedentes. Revoluções essas que buscam sempre um novo método para resolução das mesmas questões filosóficas que se apresentam desde os gregos. O problema é que tais revoluções sempre tendem ao fracasso, posto que apresentam um novo método, um novo vocabulário que somente podia ser adotado por aqueles próprios filósofos que os apresentavam (RORTY, 1990, p. 47-48).

Assim é que a mais recente "revolução" filosófica é encarada de forma crítica por Rorty, pois apresenta o ponto de vista que os problemas filosóficos poderiam ser resolvidos se fossem encarados como problemas linguísticos, reformando-se a linguagem utilizada para uma linguagem ideal.

Tem-se, assim, nos chamados neopositivistas lógicos uma tentativa de criação de uma linguagem ideal que pudesse por fim à obscuridade do conhecimento causada por problemas estritamente linguísticos (STRECK, 2000, p. 157; WARAT, 1995, p. 37). Inicialmente, pois, a reviravolta lingüística significa uma maneira diferente de se trazer à tona os problemas filosóficos, tratando os problemas anteriores sob a rubrica de problemas linguísticos (OLIVEIRA, 1996, p. 12).

Há, aqui, uma preocupação central com as questões semânticas e sintáticas, donde os problemas pragmáticos, aqueles referentes à relação do signo com seu usuário, não se apresentam a não ser em uma linguagem natural, sendo irrelevantes para o que se chama de neopositivismo lógico (WARAT, 1995, p. 46).

Deixa-se de encarar a linguagem como um mero instrumento secundário, passando-a a uma categoria privilegiada na filosofia, mantendo-se, todavia, a diferença entre pensamentos linguísticos e não-linguísticos e tomando a filosofia lingüística como forma de solução última de todos os problemas filosóficos.

Segundo afirma Rorty sobre o giro linguístico:

> What distinguishes analytic philosophy from other twentieth-century philosophical initiatives is the idea that this turn, together with the use of symbolic logic, makes it possible, or at least easier, to turn philosophy into a scientific discipline. The hope is that philosophers will become able, through patient and cooperative research, to add bricks to the edifice of knowledge (RORTY, 2003).

Seria como transformar a filosofia em um esforço de encontrar o fundamento para o conhecimento humano através da linguagem. Esta primeira frente em que se operou o giro linguístico não deixa de lado os dualismos metafísicos acima mencionados, já que tem por intuito eleger uma linguagem ideal como forma de solucionar tais problemas, mantendo-os, todavia, como verdadeiros problemas da filosofia. Assim é que cabe à filosofia da linguagem retirar as assertivas filosóficas do âmbito da linguagem natural para que se possa constatar o que, verdadeiramente, significam as mesmas, encarando-se, dessa forma, a linguagem, ainda como possibilidade de se representar o mundo como ele "é".

É uma "tentativa para conservar algo da tradição cartesiana", tratando-se de um "esforço, dentro da recente filosofia da linguagem, para especificar 'como é que a linguagem se apega ao mundo', criando em conseqüência um análogo do problema cartesiano de saber se como é que o pensamento se apega ao mundo". É como se o "Espelho da Natureza" deixasse de se encontrar internamente (pensamento) e passasse a ser encontrado externamente, ou seja, na linguagem, reabilitando as questões filosóficas clássicas em termos linguísticos. A filosofia da linguagem teve, pois, "início como a tentativa de produzir um empirismo não-psicologístico mediante a reformulação de questões filosóficas como questões de lógica" (RORTY, 1988, p. 168).

Dessa forma, a filosofia lingüística do modo em que surgiu com o neopositivismo lógico se demonstra como sendo mais uma tentativa de representar a realidade, agora baseada em questionamentos que dizem respeito não ao pensamento, mas à linguagem. Daí a redução da filosofia à lógica e o pensamento ainda representacionista. É a linguagem o ponto de investigação filosófica principal, já que os equívocos produzidos em filosofia são nada mais que incoerências lingüísticas, que somente podem ser solucionadas com uma linguagem ideal.

O problema da representação ainda se encontra presente nessa primeira fase do giro linguístico, sendo objetivo desse trabalho o de demonstrar como o pragmatismo pode ser útil a uma concepção da reviravolta lingüística como reviravolta pragmática.

1.5 A pragmatização da filosofia: linguagem como não-representação

Afirmar-se que a linguagem é um meio pelo qual se tenta descobrir a essência da realidade, ou mesmo tratar a linguagem como a forma de se conseguir superar os problemas metafísicos, visualizando-se uma linguagem ideal, vai de encontro aos já apresentados princípios do pragmatismo.

É que o giro linguístico, conforme dito acima, teve um momento inicial no qual ainda se deixava levar pelos dualismos gregos tão criticados, apegando-se à tentativa metafísica de se encontrar, através da linguagem, a essência do conhecimento.

A despeito desse momento inicial, Rorty apresenta o *linguistic turn*, num segundo momento, com características das linhas de pensamento anti-representacionistas, quando se passou a considerar o pensamento do último Wittgenstein como tendo dado uma nova forma de se pensar sobre a relação entre a linguagem e a realidade, em contraste com os neopositivistas lógicos.[3]

Nesse sentido, as noções apresentadas pelos clássicos pragmatistas podem ser úteis a uma visão pragmática da filosofia lingüística. As noções antiessencialistas e o não-representacionismo trazem à baila o subsídio suficiente para que se visualize a linguagem como própria condição de possibilidade do conhecimento e da ação, deixando de encará-la como instância que deve representar uma realidade atemporal.

Rorty afirma que "não existe maneira de pensar quer sobre o mundo quer sobre os nossos propósitos a não ser usando a linguagem". Não se pode pensar a linguagem como separada do sujeito ou do objeto. Seria "a tentativa impossível para sair de nossa pele – das tradições, linguísticas e outras, dentro das quais pensamos e nos autocriticamos – e compararmo-nos com qualquer coisa de absoluto" (RORTY, 1999, p. 19).

Assim é que Wittgenstein (1994, p. 16) leva a filosofia linguística à consideração de que somente se pode significar algo dentro da linguagem. É a afirmação de que a tentativa de se passar da linguagem para se obter algo que ela representa não funciona, superando-se o giro linguístico em busca de um giro pragmático.

Trata-se da superação da concepção linguística apresentada pelos neopositivistas lógicos. O que se chama de viragem linguística "não deve ser visto como os positivistas lógicos o viram – como tornando-nos capazes de fazer perguntas kantianas sem ter que invadir o relvado dos psicologistas falando, com Kant, acerca de 'experiência' ou 'consciência'" (RORTY, 1999, p. 21).

É essa atitude holista com a linguagem que pode ser extraída nas lições pragmatistas sobre o representacionismo e o essencialismo, podendo-se afirmar, com Rorty (1999, p. 21), que teria ocorrido algo como uma "pragmatização da filosofia" (desde que visto pelo lado do pragmatismo de Rorty, claro).

---

[3] "This line of thought, running through the later Wittgenstein, as well as through the work of Sellars and Davidson, has given us a new way of thinking about the relation between language end reality" (RORTY, 2003).

Isto fica bastante claro quando visualizamos a filosofia da linguagem que substitui os atos intencionais internos que conferem significado às palavras pelos contextos nos quais as palavras são utilizadas (OLIVEIRA, 1996, p. 134).

Wittgenstein, aliás, demonstra sua mudança de pensamento quando passa a ver sua linguagem ideal apresentada no Tractatus como "um jogo de linguagem específico e, portanto, um processo de interação social; só que em virtude de seu caráter artificial dá uma impressão de pureza, isto é, de separação de uma práxis social..." (OLIVEIRA, 1996, p. 145). Assim, qualquer linguagem ideal seria nada mais que um entre tantos vocabulários possíveis, apenas um entre tantos processos de interação social que apenas "dá a impressão" de estar desvinculada das práticas e necessidades humanas.

Característica, pois, do pragmatismo, é considerar um mundo sem essências, em que o homem está situado sempre num ambiente linguístico, inexistindo consciência pré-linguística. Deve-se, assim, suspeitar dos dualismos metafísicos, já que, diante da inserção do ser humano na linguagem, nenhum sentido tem se perguntar sobre se uma frase representa a realidade, ao invés de se questionar sobre a utilidade ou não da descrição apresentada para consecução de determinados fins humanos.

Assim é que, "pensar na linguagem como uma imagem do mundo – um conjunto de representações de que a filosofia necessita de exibir como estando numa qualquer espécie de relação não-intencional com aquilo que representam – não é útil para se explicar como a linguagem é apreendida ou compreendida" (RORTY, 1988, p. 231).

Seres humanos não devem se preocupar em encontrar respostas sobre-humanas, metafísicas, essências ou representações da realidade. Deve se ater a sua finitude para buscar descrições melhores e mais úteis das coisas, conscientizando-se de sua característica linguística.

1.6 Pragmatismo e Hermenêutica: a noção do círculo hermenêutico e a impossibilidade de distinção entre o objetivo e o subjetivo

O pragmatismo apresentado por Rorty se demonstra como uma aproximação à hermenêutica, no sentido de crítica à busca por fundamentos metafísicos do conhecimento. Segundo seu defensor, trata-se de um pragmatismo radical, humanista e preocupado com a linguagem.[4]

Assim, as teorias holistas, anti-fundamentalistas, enfim, pragmatistas, apresentadas por Rorty, pretendem colocar o filósofo profissional numa situação complicada, por negar a possibilidade de a filosofia encontrar algo como um ponto fundamental de acordo sobre o que é o Verdadeiro e o que é o Real, o Essencial: "Se negarmos que existam fundamentos que sirvam de terreno comum para a adjudicação de pretensões ao conhecimento, a noção do filósofo como guardião da racionalidade parece ameaçada" (RORTY, 1988, p. 249).

Daí a apresentação do pragmatismo de Richard Rorty como hermenêutica, segundo a qual:

> Não seremos capazes de isolar os elementos básicos, excepto na base de um conhecimento prévio da totalidade da estrutura em que estes elementos ocorrem. Por conseguinte, não seremos capazes de substituir a noção de "representação exacta" (elemento-por-elemento) pela de representação bem sucedida de uma prática. A nossa escolha dos elementos será ditada pela nossa compreensão da prática, em vez de a prática ser "legitimada" por uma "reconstrução racional" a partir dos elementos. Essa linha holista de argumentação diz que nunca seremos capazes de evitar o círculo hermenêutico.

A noção do "círculo hermenêutico" demonstra a incapacidade do ser humano de sair de sua pré-compreensão, de seus pré-conceitos (GADAMER, 2002, p. 354; HEIDEGGER, 2000, p. 198 e ss), para encarar uma realidade crua, pré-lingüística. É impossível ao ser humano a sua localização num plano superior ao da situação histórica em que vive, um lugar neutro, um ponto arquimediano no qual se opere uma visão do mundo como ele é.

O pragmatismo como hermenêutica também repudia a distinção entre *subjetivo*, como sendo objeto da hermenêutica, e *objetivo*, como sendo objeto das ciências. Deste modo, não há sentido em se considerar que existem áreas do conhecimento em que se admite

---

[4] Esta é uma das características da filosofia de Richard Rorty apresentada por Gabriel Bello em "Introducción. Richard Rorty en la encrucijada de la filosofia postanalítica: entre pragmatismo y hermenêutica" (RORTY, 1990, p. 38-41).

uma representação da realidade, enquanto que nas áreas onde tal não é possível, tem-se mera opinião, âmbito próprio da *doxa* (PLATÃO, 1990, p. 515 e ss).

A questão, sob o ângulo hermenêutico-pragmático, deve ser encarada relativamente ao acordo que exista nas diversas situações. O consenso seria então a medida da "objetividade". Assim, em qualquer área, seja ela a Física ou a Ética, é de se esperar a mesma circularidade hermenêutica, caracterizando-se as suas verdades como nada mais que descrições mais ou menos úteis das coisas. "A aplicação de termos honoríficos como 'objectivo' (*sic)* e 'cognitivo' nunca é mais do que uma expressão da presença, ou da esperança, de acordo entre os investigadores" (RORTY, 1988, p. 263).

Mesmo que se pense que as novas formas de controle da natureza que o ser humano encontra sejam o resultado da aproximação com a representação exata da realidade, deve-se ter, com Rorty, a capacidade de se pensar na ciência como "baseada em valores". Todo conhecimento envolve valores, inexistindo, como vimos, conhecimento livre da pré-compreensão, e o que impede de se observar isso é a visão de que os valores estariam "dentro" e os fatos estariam "fora" (RORTY, 1988, p. 267).

Nesse sentido, achar que se está diante de uma representação da realidade é confundir a utilidade da descrição com uma metafísica correspondência com a essência do mundo. É encarar o conhecimento como algo não-humano, sobre-humano. É pensar que se encontra em situação privilegiada de deter um vocabulário mais ligado com a realidade do que qualquer outro. É pensar que há uma instância não-linguística, de onde se pode obter conhecimento objetivo, diferente do conhecimento estético ou moral (GADAMER, 2002, p. 83 e ss).

Nesse ponto, compreender nada mais é do que tentar "encontrar uma nova e mais interessante maneira de nos expressarmos a nós mesmos e, por conseguinte, de enfrentar o mundo". Rorty fala em "edificação", como sendo o projeto de encontrar novas e melhores formas de se expressar para encarar os problemas (RORTY, 1988, p. 281).

1.7 Considerações conclusivas: a "filosofia edificante" como consequência do antiessencialismo (uma proposta de abordagem filosófica tolerante)

A noção de "filosofia" como disciplina sempre esteve relacionada com uma forma de se encontrar um fundamento para o conhecimento humano. Leva-se, pois, em consideração que existe uma forma de o homem conhecer a essência das coisas do mundo, donde o objeto da filosofia é encontrar esta forma, o que se configuraria no encontro da própria essência do homem.

Em sua aproximação hermenêutica do pragmatismo, Rorty apresenta uma crítica veemente às noções representacionistas do conhecimento, bem como às noções essencialistas do ser. Destarte, difícil é "imaginar que alguma actividade fosse autorizada a ostentar o nome de 'filosofia', se nada tivesse a ver com o conhecimento...", notadamente, se não tivesse a ver com descobrir a forma de se encontrar as essências (RORTY, 1988, p. 277).

Nesse sentido, o pragmatismo rortiano, ao se aproximar da hermenêutica, tende a apresentar não um método para se encontrar a verdade, mas sim uma tentativa de fortalecer um sentido de educação:

> Partindo dessa atitude, compreender corretamente os factos (sic) (sobre os átomos e o vazio, ou sobre a história da Europa) é uma mera propedêutica para se encontrar uma nova e mais interessante maneira de nos expressarmos a nós mesmo, e, por conseguinte, de enfrentar o mundo. Do ponto de vista educativo, por oposição ao ponto de vista epistemológico ou tecnológico, o modo como as coisas são ditas é mais importante que a posse de verdades (RORTY, 1988, p. 279).

Uma filosofia edificante não pode, todavia, prender-se a um projeto epistemológico, sob pena de cair nos mesmos dualismos metafísicos acima apresentados, numa tentativa de se encontrar um fundamento para o conhecer. Deve, sim, ver a busca de um conhecimento objetivo como um projeto entre outros. Na visão hermenêutica da filosofia, a aquisição da "verdade" é nada mais que um, entre outros, componentes da educação.

Ressalte-se que a superação do paradigma do conhecer essências não caminha na direção de outra forma de "conhecer", mas sim demonstrar desconfiança diante dessa tentativa, sem, contudo, encarar sua própria proposta como um novo método de conhecer essências.

Rorty chama essa tentativa de "filosofia edificante", no sentido de que os filósofos edificantes "destroem para o bem de sua própria geração" (RORTY, 1988, p. 286). Não apresentam soluções únicas e imutáveis, nem fórmulas heroicas de se encontrar o rumo do conhecimento em direção à essência. Ele tenta problematizar ao invés de solucionar o "quebra-cabeça filosófico" (RORTY, 2003).

A filosofia edificante não pode se apresentar como descobridora de representações do mundo. Ao contrário, está fazendo algo diverso disso. Está dizendo que encontrar a verdade objetiva é apenas um entre tantos possíveis modos de discurso, e que a filosofia deve, nesse sentido, ser um âmbito não de inquérito, mas de conversação.

> Uma maneira de pensar na sabedoria como uma coisa cujo amor por ela não é o do argumento, e cuja realização não consiste em encontrar o vocabulário correcto para representar a essência, e pensar nela como a sabedoria prática necessária para participar numa conversação. Uma maneira de ver a filosofia edificante como o amor pela sabedoria é vê-la como a tentativa de impedir que a conversação degenere em inquérito, em programa de investigação (RORTY, 1988, p. 289).

A substituição do inquérito pela conversação é decorrência de um mundo sem essências. Se o conhecimento não é representativo da realidade, a filosofia tem o papel de servir de ambiente de conversação, não como um método racional em si mesmo, mas como negação ao inquérito "objetivo" e "neutro".[5]

A filosofia edificante não quer encontrar o caminho seguro de uma ciência. Qualquer definição científica somente pode ser levada em consideração como inserida nas práticas características do momento. Toda tentativa de se demonstrar que uma assertiva acerca de algo é verdadeira, pois corresponde à realidade é uma tentativa inseria num determinado contexto e, por isso, é uma entre tantas tentativas possíveis. Trata-se do "sentimento de que não há nada no mais profundo de nós excepto o que nós próprios lá pusemos (...),

---

[5] É nesse sentido que Rorty afirma o perigo da filosofia pragmatista para o que chama de profissionalização da filosofia (RORTY, 2003; 1988, p. 286).

nenhuma argumentação rigorosa que não seja obediência às nossas próprias convenções" (RORTY, 1999, p. 45).

A busca pelo humano como entidade temporal e histórica torna a filosofia edificante uma forma de humanismo no sentido de que procurar um fundamento último, desligado das necessidades humanas, é se afastar do homem. É uma tentativa de transformação do homem em algo sobrenatural, divino, acima do mundo. "Deste ponto de vista, procurar a comensuração em vez da simples conversação continuada (...) é tentar fugir da humanidade". Para o filósofo edificante é "absurda a própria noção de realidade que não é acerca da realidade-sob-uma-certa-descrição", ou seja, não se aceita uma descrição privilegiada da realidade sem correspondência com as práticas sociais (RORTY, 1988, p. 291-292).

Nesse sentido, para Richard Rorty, não se pode dizer que existe um método de investigação racional o bastante para constatar todos os efeitos práticos possíveis do objeto investigado:

> We think that inquiry is just another name for problem-solving, and we cannot imagine inquiry into how human beings should live, into what we should make of ourselves, coming to an and. For solutions to old problems will produce fresh problems, and so on forever. As with the individual, so with both the society and the species: each stage of maturation will overcome previous dilemmas only by creating new ones (RORTY, 2003).

Duvida-se, portanto, de que exista um projeto único com o qual se possa pensar em chegar a uma conclusão absoluta sobre um objeto, uma "descrição única do mundo" (RORTY; MURPHY, 1993, p. 11), feita por um "tribunal de la razón" ou por Deus, "en tanto distintos de uma audiencia meramente finita" (RORTY, 2001, p.35).

Enfim, uma filosofia edificante não deve se colocar na busca por um critério universal ou transcendental para a forma de conversação. Deve apenas tornar consciente que qualquer tentativa de se alcançar a verdade objetiva sobre qualquer coisa será feita sob condições humanas, o que impede a consideração de um método racional por si mesmo sem referência à pré-compreensão, à tradição, à estrutura biológica, às necessidades e às práticas sociais. Daí que se tenta edificar para continuar a conversação, livrando o mundo do arbítrio de uma definição totalizadora e universal do homem ou da realidade.

Neste aspecto, o pragmatismo se apresenta como uma

abordagem filosófica que leva em consideração a necessidade de uma conversação contínua. Esta forma de abordagem da fundamentação dos direitos humanos proporciona uma visão mais tolerante da filosofia, o que será especificado nos próximos capítulos.[6]

---

[6] Nos próximos artigos, veremos como o desafio de uma visão desse tipo se confronta diante da acusação de se tratar de um mero relativismo filosófico. Em muitas de suas obras, o próprio Rorty se dedica a encarar esse desafio e rechaçar o título de "relativista". Também veremos como ao longo dos meus estudos, fui mudando um pouco minha visão de mundo, sem abandonar a "suspensão do juízo" típica de uma visão pragmática/empírica/cética, mas deixando de lado essa versão mais ingênua da filosofia de Rorty.

2

A FUNDAMENTAÇÃO UNIVERSALIZANTE DOS DIREITOS HUMANOS: UMA VISÃO PRAGMATISTA

2.1 Introdução: a ideia de universalidade dos direitos humanos e o problema do relativismo

O presente capítulo visa a apresentar a postura teórica do pragmatismo como uma visão mais coerente acerca da ética e da fundamentação dos direitos humanos. O que se quer afirmar é que o discurso pela universalização dos direitos humanos deve ser visto como discurso incomensurável, no qual os participantes não partilham das mesmas pressuposições linguísticas, pois possuem diferentes vocabulários.

Diante da incomensurabilidade, todavia, o pragmatista não quer ser visto como um relativista e, portanto, é contra a visão de que as linguagens são completamente intraduzíveis. O pragmatismo apresenta a incomensurabilidade como uma questão de grau de entendimento, que não gera o fim a conversa ética, mas sim, estimula-a, fazendo-se pensar em educação pelos direitos humanos, ao invés de imposição de um conteúdo pré-definido.

Quer-se partir do dualismo comensurável-incomensurável e tomar de Kuhn a noção de paradigma para, adaptando-a aos propósitos do trabalho, apresentá-la como ambiente discursivo no qual é possível estabelecer-se algum consenso, de forma a possibilitar a comunicação coerente e com sentido.

Trazendo o pragmatismo de Rorty para apresentar o dualismo comensurável-incomensurável como uma diferença de grau e não de gênero, tentar-se-á demonstrar que o discurso dos direitos humanos pode se revestir de um caráter mais comensurável ou mais incomensurável, na medida em que os participantes do discurso estejam, ou não, inseridos num mesmo paradigma linguístico.

Apresentar-se-á, pois, a tese de que não se pode dar ao discurso pelos direitos humanos um caráter incondicional, tendo em vista a existência de diversos paradigmas diferentes, presentes nas mais diversas sociedades e culturas ao longo do planeta. Isto, contudo, não quer dizer que se deve abandonar a discussão ética e trabalhar com uma postura simplesmente irracionalista, ou mesmo relativista.

Também não se quer dizer que o discurso universal é simplesmente inviável ou um sem sentido. Deve-se tão somente encará-lo em sua incomensurabilidade, deixando de buscar objetividade num tal ambiente linguístico. Ademais, o que se quer é ver a defesa dos direitos humanos como a busca de um mundo melhor, e não como a defesa de parâmetros éticos corretos e verdadeiros "em si mesmos".

Inicialmente, demonstrar-se-á o pragmatismo como uma crítica aos argumentos incondicionais. Após, apresenta-se a noção de paradigma como ambiente linguístico no qual as concepções e conceitos são partilhados pelos participantes do discurso, para lidar, numa visão pragmatista, com a distinção entre discurso normal e discurso incomensurável, ou anormal, e em que tal abordagem pode ser útil à análise dos discursos éticos.

Depois, as críticas a tal postura, que a tratam como relativista e irracionalista, respondendo-as com as lições de Putnam e Rorty. Em conclusão, o pragmatismo como proposta para visualização do discurso pelos direitos humanos, para ver o discurso universal como mera pretensão de um mundo humano melhor, meras pautas para a educação humana.

2.2 Uma apresentação do pragmatismo como esquecimento da distinção verdade-justificação: a impossibilidade de uma justificação incondicional

Como visto no primeiro artigo, o pragmatismo apresenta-se como uma postura filosófica com grande repercussão na ética a nas teorias sociais. Sua crítica à visão tradicional da verdade como correspondência com a realidade representa um antiessencialismo e um anti-fundacionalismo que se propõem a dar um tratamento teórico mais coerente da complexidade do mundo dito "pós-moderno" (RORTY, 1999, p. 233).

Aqui se vai centrar a análise do pragmatismo na proposta de Rorty de que os dualismos trazidos pela filosofia tradicional devem ser lidos como uma diferença de grau e não de gênero, isto para defender a postura de que nenhum argumento pode ser considerado justificado "em si mesmo".

Assim, a diferença verdade-aparência é nada mais que a diferença entre o grau de consenso alcançado pelas descrições efetuadas num ambiente linguístico intersubjetivo, bem como todo argumento busca justificação em um contexto específico de necessidades. Nesta linha de raciocínio, substitui-se, a noção de verdade pela de justificação, deixando de lado a visão de que o homem possui, ou pode possuir, um acesso privilegiado a algo que se denomina de "realidade".

O que há são descrições linguisticamente mediadas, que são expressas em ambientes linguísticos contextuais e contingentes, e têm sua "acertabilidade" medida pela eficiência para resolução de problemas práticos, dentro de um ambiente linguístico (RORTY, 1999, p. 32). A aplicar-se uma postura pragmatista ao discurso ético, nenhuma noção de "realidade" ou de "lei moral" incondicional será capaz de justificar, por si só, qualquer discurso sobre os direitos humanos.

A possibilidade de que as necessidades humanas se modifiquem, e que novas descrições substituam as anteriores com melhor eficiência, impede o pragmatista de pensar numa descrição definitiva, numa descrição incondicional:

> En contextos no filosóficos, el sentido de contrastar justificación con verdad es, simplemente, recordarnos que pueden haber

objeciones (a causa de la aparición de nuevos datos, nuevas hipótesis explicativas más ingeniosas, cambios en el vocabulario empleado para describir los objetos que se discuten) que no hayan advertido ninguna de las audiencias para las cuales la creencia en cuestión estaba entonces justificada (RORTY, 2000, p. 87).

Assim, o que se tem é, tão-somente, a justificação, que não garante qualquer acesso a um "algo mais", que seria o acesso a uma realidade independente das descrições humanas. Esta perspectiva se coaduna com uma visão kuhniana da "evolução" das ciências, que será objeto de tratamento no próximo ponto e que bem demonstra como as descrições somente podem ter sua acertabilidade medida dentro do contexto linguístico em que está inserida, sempre se sabendo que novos dados ou novas descrições metafóricas podem passar a se tornar literalidades.

Ao substituir a noção de verdade pela de justificação, passa-se a centrar a atenção no contexto, tornando-se incabível pensar-se em descrições descontextualizadas, que busquem sua fundamentação em elementos de fora de qualquer ambiente linguístico específico, algo como a "maneira que o mundo é" ou a "realidade".[7]

Isto está diretamente relacionado com a visão pragmatista de que as crenças são nada mais que hábitos de ação, que, portanto, servem ao propósito único de proporcionar a satisfação das necessidades humanas. Daí que a pergunta que faz o pragmatista é "Qual o uso?", ao invés é "é real?" (RORTY, 1999, p. 45). Assim, como vimos no primeiro capítulo, em Peirce, a crença é algo como um estágio para a ação. [8]

A crença, como regra de ação, é sempre ligada aos interesses humanos, e, portanto, está, sempre, contextualizada. Desta forma, é inútil justificar uma crença, ou uma descrição, com argumentos universais, descontextualizados.

O problema que o pragmatismo vê em justificações

---

[7] A expressão utilizada é "Way the World is" (RORTY, 1999, p. 32-33).

[8] "As it appeases of the irritation of doubt, which is the motive for thinking, thought relaxes, and comes to rest for a moment when belief is reached. But, since belief is a rule for action, the application of which involves further doubt and further thought, at the same time that it is a stopping place, it is also a new starting-place for thought" (PEIRCE, 1980, p. 121).

fundamentadas em algo incondicional é que, chamar um argumento de "bom" incondicionalmente, é como se este argumento pudesse ser avaliado de fora do contexto discursivo em que é expresso. "Eso es como llamar 'buena herramienta' a una herramienta que, como todas las herramientas, solamente es útil para unos fines en concreto" (RORTY, 2000, p. 101).

O exemplo da ferramenta serve como metáfora para a noção da linguagem como forma de ação. Dentro deste raciocínio, um argumento é bom, na medida em que serve como justificação válida num determinado contexto. Um discurso que defenda determinado direito será válido, na medida em que se ajusta às necessidades contextuais em que é proferido.

A crítica pragmatista se refere à tentativa de transcender o contexto sócio-cultural em que as afirmações são feitas, conferindo-as uma espécie de pretensão de universalidade. O pragmatismo tenta demonstrar que esta é uma atitude vã, e que só proporciona uma visão pouco útil da diferença entre um discurso mais abrangente e outro mais voltado a uma determinada comunidade. Pouco útil, pois trabalha com noções transcendentes como "realidade", "maneira como o mundo é" ou "valores objetivos". Se o homem não consegue descrever sem linguagem, e se a linguagem é sempre contextualizada, nenhuma descrição pode ser pensada fora dum contexto sócio-cultural.

E é nesse ponto que se encontra a contribuição que o pragmatismo pode proporcionar ao discurso sobre os direitos humanos, na substituição da pergunta "estou eu descrevendo os valores próprios à natureza humana?" Pela pergunta: "estou eu usando a melhor descrição possível para a situação em que nos encontramos?" (RORTY, 2003).

Um questionamento a se fazer é, pois: qual a diferença entre afirmar que uma descrição sobre as ações que devemos realizar pode ser justificada por um argumento descontextualizado e que outra não pode? Em que tal argumento incondicional poderia ter maior validade do que o outro, senão pela análise de sua aplicação dentro de um contexto ou auditório determinado?

Esta diferença entre o verdadeiro e o meramente justificado não vai servir para o entendimento das infindáveis controvérsias existentes na questão dos direitos humanos e sua aplicação. A diferença entre o argumento contextualizado e o descontextualizado não serve para analisar o problema de uma comunidade global inclusivista e tolerante. Não é pelo apego ao "valor objetivo", ou à "verdade" que a justificação será assimilada numa eventual conversação ampliada.

Pois bem. O que o pragmatismo propõe é que se deixe de lado a busca pela "verdade" ou pelo "direito humano" que independa do contexto e das necessidades contingentes e idiossincráticas dos homens e mulheres. Um argumento incondicional somente poderia levar à intolerância, possibilitando que maiorias impinjam aos "diferentes" a sua forma de vida, negando-se aos mesmos a possibilidade de utilização de sua linguagem e de seu vocabulário (HABERMAS, 2002, p. 164). Este perigo é o que o pragmatismo pode evitar com sua postura coerentista. Não há, assim, qualquer razão para se preocupar com a questão de se as crenças estão justificadas por algo como a "verdade" ou a "lei moral".

A idéia de que o progresso moral significa o alcance, pela humanidade, das premissas incondicionais previstas pela lei moral é uma idéia abandonada pelo pragmatismo, na medida em que este defende a inexistência de qualquer coisa não-relacional. Nada que não esteja dependente das vicissitudes do tempo e da história, bem como não-afetada pelos interesses e necessidades humanas (RORTY, 1999, p. 82).

O progresso moral seria, então, a possibilidade cada vez maior de lidar com a incomensurabilidade dos discursos, para, assimilando esta dificuldade de entendimento, possibilitar cada vez mais conversação, na busca de uma melhor definição das possibilidades de tolerar das diferenças.

2.3 A noção de paradigma e a diferença entre discursos comensuráveis e incomensuráveis: a evolução da ciência e da ética como modificação de paradigmas

A visão pragmatista, acima explicitada, leva ao entendimento de que o contexto em que as descrições humanas são efetuadas é determinante para a análise de sua coerência ou plausibilidade. Este entendimento fica bastante consolidado quando se tem em mente a noção de "paradigmas incomensuráveis", utilizada por Kuhn e aproveitada por Rorty ao tratar da diferença entre discursos normais e hermenêuticos.

O discurso normal é aquele identificado com a noção de comensurabilidade, que quer dizer "capaz de ser trazido para debaixo de um conjunto de regras que nos digam como é que se pode alcançar um acordo racional acerca daquilo que resolveria a questão em cada ponto onde as declarações parecem ser conflituosas" (RORTY, 1988, p. 248).

Aqui, Rorty pretende falar acerca da pretensão, que ele atribui à epistemologia, de que todos os discursos sejam comensuráveis, isto é, possam ter suas controvérsias resolvidas com base num terreno comum. Daí que, "construir uma epistemologia é encontrar a quantidade máxima de terreno comum com os outros. A assunção de que se pode construir uma epistemologia é a assunção de que um tal terreno comum existe" (RORTY, 1988, p. 248).

Sendo assim, sempre seria possível encontrar acordo sobre pontos controvertidos com base em premissas sólidas e bem determinadas. Esta era a pretensão das teorias filosóficas fundacionistas, e que tratam a filosofia como disciplina meta-científica, uma espécie de "tribunal da verdade" no qual as descrições controversas podem ser analisadas, e que demonstrará qual delas é verdadeira.

Este "tribunal" poderia estar na mente (na clareza e distinção das idéias)[9], na verificação empírica (ou seja, "fora" do homem), na linguagem perfeita (numa visão da filosofia analítica), ou, até mesmo, no acordo racional habermasiano.

O pragmatismo pretende negar tais perspectivas com a noção de "paradigma", que Rorty (1988, p. 248) utiliza para tentar moldar um conceito de incomensurabilidade. Em certas ocasiões, é possível a obtenção de um certo "terreno comum" para aferição da plausibilidade de descrições efetuadas pelos humanos. Este tipo de discurso é o que se quer aqui denominar de discurso "comensurável", presente, em Kuhn, no que ele chama de "ciência normal" (KUHN, 2003, p. 43 e ss).

Quando este terreno comum não existe, quando as formas de

---

[9] O cogito só é evidente por causa de sua "clareza e distinção". Ver RUSSEL, p. 565.

vida que debatem e deliberam são diferentes, quando os jogos de linguagem em que as descrições ocorrem são de tal forma dessemelhantes, verificar-se-ia um verdadeiro diálogo de surdos, no qual não se encontram bases significativas para o entendimento.

Aqui se estaria diante do que se chama de "discurso incomensurável". A noção de incomensurabilidade só vem demonstrar que, diante de formas de vida diferentemente estruturadas, as descrições efetuadas de um lado e de outro não têm solo firme para terem sua validade ou verdade aferidas.

O entendimento desta tese pode ser mais bem esclarecido pela apresentação do que Thomas Kuhn traz para o debate filosófico, ao tratar da evolução científica. Sua perspectiva historicista leva ao entendimento de que a evolução das ciências não se dá numa espécie de aproximação das descrições científicas com a realidade, mas sim numa mudança de paradigmas.

Os paradigmas, que se consubstanciam em modelos teóricos, vigoram durante um certo tempo na comunidade científica, e servem como parâmetro para a aferição dos "problemas" científicos e da sua própria solução. Tais modelos formam os critérios para a solução dos "quebra-cabeças" científicos:

> O termo paradigma aparece nas primeiras páginas do livro e a sua forma de aparecimento é intrinsecamente circular. Um paradigma é aquilo que os membros de uma comunidade partilham, e, inversamente, uma comunidade científica consiste em homens que partilham um paradigma (KUHN, 2003, p. 219).

Esta comunidade de cientistas trabalha na resolução de problemas sempre com base em um vocabulário, uma linguagem que determina os próprios questionamentos por que passam as ciências. Portanto, os cientistas que partilham determinado vocabulário não podem estabelecer ligação comensurável com cientistas que partilham paradigmas diversos.

Daí que a revolução científica opera, em Kuhn, uma verdadeira mudança na "concepção de mundo". "É como se a comunidade profissional tivesse sido subitamente transportada para um novo planeta, onde objetos familiares são vistos sob uma luz diferente" (KUHN, 2003, p. 146).

Isto impediria a comunicação interparadigmática, pelo que a comparação entre os paradigmas não poderia se dar sobre bases estabelecidas, advindo daí a noção de incomensurabilidade. Não há, destarte, parâmetros objetivos para se decidir entre duas teorias científicas, senão dentro de um mesmo paradigma, onde há critérios consensualmente estabelecidos para resolução de problemas.

Uma excelente metáfora serve para exemplificar a incomensurabilidade na visão de Kuhn:

> Consideremos um jogo de quebra-cabeças cujas peças são selecionadas ao acaso, em duas caixas contendo peças de jogos diferentes. Tal problema provavelmente colocará em xeque (embora isso possa não acontecer), o mais engenhoso dos homens e por isso não pode servir como teste para determinar a habilidade de resolver problemas (KUHN, 2003, p. 146).

Esta incomensurabilidade fica evidenciada pela constatação de que os paradigmas científicos superados não podem simplesmente ser tachados de acientíficos, ou ilógicos. Isto porque não há como se medir a validade dos dois paradigmas conflitantes com base numa linguagem meta-filosófica.

Pensar numa tal linguagem é imaginar uma descrição fora do seu contexto, é pensar num argumento incondicional. A noção de "jogo de linguagem" pode servir para exemplificar o significado amplo que se quer dar ã noção de paradigma. O uso da linguagem pelo ser humano que tem suas regras definidas segundo as necessidades e o contexto dos utilizadores da linguagem. Assim é que a forma de vida do ser humano se configura como um "jogo de linguagem" específico.

Ao invés de definir um conceito de jogo de linguagem, Wittgenstein exemplifica-os como sendo contextos de formas de vida nas quais o homem atua, age. "A expressão jogo de linguagem deve aqui realçar o fato de que falar uma língua é uma parte de uma actividade ou de uma forma de vida", assim, "conceber uma linguagem é conceber uma forma de vida" (WITTGENSTEIN, 2002).

A evolução humana é, portanto, uma sucessão de formas de vida, expressas nos jogos de linguagem, donde se torna impossível pensar que há algo, fora de um jogo de linguagem, que sirva de parâmetro para aferir qual descrição, dentre as conflitantes, pode ser considerada verdadeira.

> Pronunciar uma frase sem um lugar fixo num jogo de linguagem é,

tal como disseram com razão os positivistas, pronunciar algo que não é verdadeiro nem falso. (...) Só se poderá saboreá-la ou cuspi-la. Com isso não se está, porém, a dizer que não poderá, com o tempo, tornar-se um candidato a valor de verdade. Se for saboreada e não cuspida a frase poderá ser repetida, agarrada, difundida. Exigirá, então, gradualmente, um uso habitual, um lugar familiar num jogo de linguagem (RORTY, 1994, p. 41).

A incomensurabilidade de paradigmas demonstra que os debates em torno das revoluções científicas não ocorrem sob parâmetros bem determinados. Isto também fica evidente na mudança de regimes políticos, ou mesmo na mudança de paradigma dos direitos humanos. Os debates sobre os direitos sociais, por exemplo, não diferem em gênero dos debates sobre a substituição do paradigma newtoniano na física (RORTY, 1988, p. 259).

Da mesma maneira, o que se dizia serem direitos universais e inalienáveis do homem à época em que Locke escreveu os *tratados sobre o governo* certamente é diferente daquilo que se diz atualmente sobre um meio ambiente equilibrado ser um direito humano universal e incondicional.

E a preocupação com o meio ambiente jamais poderia ter vindo à tona antes do surgimento de, por exemplo, análises científicas sobre o efeito estufa e o descongelamento das geleiras, ou o problema da escassez dos recursos naturais não renováveis. As controvérsias sobre os direitos humanos não podem ser consideradas sem a perspectiva contextualista de que as afirmações, neste campo, somente podem ser analisadas dentro de um conjunto de premissas linguísticas e, portanto, culturais, que servem de base para os critérios pelos quais as descrições terão sua validade aferida, ou seja, dentro de um paradigma.

A crítica a esta noção de incomensurabilidade, da impossibilidade de um meta-critério para a solução das pendengas éticas é o de que tal postura se consubstancia como sendo relativista e irracionalista, propiciando a validação de qualquer postura ética, seja ela qual for, dado que se encontra legitimada por pertencer a um vocabulário incomensurável, não podendo ser tida como imoral, ilegal ou falsa. A análise de tais críticas e da resposta pragmatista será feita no próximo ponto.

2.4. Pragmatismo e relativismo: de que forma se pode dizer que o pragmatista não é relativista?

A posição de que os discursos proferidos em ambientes nos quais estão presentes representantes de diferentes formas de vida, participantes de paradigmas éticos incomensuráveis, pode levar ao entendimento de que se está a adotar uma postura relativista quanto a ética.

Trata-se do receio e de que posturas intolerantes possam ser justificadas simplesmente pelo fato de que são "verdades" integrantes de um determinado paradigma, e, portanto, não poderiam ser questionadas, a não ser por critérios de dentro do próprio paradigma. Esta possibilidade inviabiliza a crítica feita pelos defensores da universalidade dos direitos humanos às posturas intolerantes e antidemocráticas.

Ou seja, ao substituir a noção de que a evolução da ciência aproxima o homem do mundo real, pela visão de que a evolução da ciência seria a modificação do próprio mundo, Kuhn dá munição à crítica de que sua posição se configura num relativismo, uma teoria da "maleabilidade" do mundo descrito.

O problema é que, quando se tenta superar a visão tradicional de que deve haver algo além do contexto que possa justificar as crenças humanas, imediatamente se tem a impressão de que se está tentando deixar o mundo à mercê do homem e, por conseguinte, tratar os valores como uma mera questão de "vontade".

É a "noção que onde não existem objetos para corresponder não temos esperança de racionalidade, mas apenas gosto, paixão e vontade" (RORTY, 1999, p. 236). Se não há critérios para decidir sobre a verdade das descrições, qualquer argumento ético seria tão válido quanto outro, qualquer descrição seria tão boa quanto outra.

Putnam, nesse sentido, critica diretamente a abordagem de Rorty quanto à incomensurabilidade, tachando-a de relativista. O problema reside justamente na questão de se entender ou não a incomensurabilidade como sinônimo de incomunicabilidade, ou de intraduzibilidade.

Ao se identificar a verdade com o que os "pares culturais" concordam, quando se está em um discurso normal, ou seja, comensurável, pode tornar qualquer tese justificável como verdadeira. "Tomada nesse sentido, ela diz que a verdade numa língua – em qualquer língua – é determinada por aquilo que a maioria dos falantes dessa língua diria" (PUTNAM, 1998, p. 100).

A questão das críticas relativistas é que elas mesmas se baseiam na possibilidade de que haja qualquer coisa independente do contexto, qualquer coisa incondicional. O próprio Putnam apresenta certas idéias de nítido caráter pragmatista, que corroboram a tese de que os argumentos são sempre condicionais e que, dependendo do grau de incomensurabilidade, não se consegue encontrar critérios bem definidos para a solução de controvérsias.

No mesmo capítulo em que critica o que chama de relativismo em Rorty, Putnam afirma que "como o relativismo, mas de uma maneira diferente, o Realismo é uma maneira impossível de ver o mundo de Nenhures" (PUTNAM, 1999, p. 103). Ou seja, para além de suas desavenças filosóficas com Rorty, parece que o ponto central do presente trabalho pode sofrer contribuições de ambos os lados, no sentido de que é impossível analisar o mundo senão dentro de um jogo de linguagem.

Isto, todavia, não significa dizer que "o homem faz o mundo", ou que "a cultura faz o mundo", ou mesmo que qualquer dessas formas de "mundo" é tão boa quanto outra. Esta visão parece estar ligada ao fato de Kuhn utilizar frases como aquela citada neste mesmo trabalho, segundo as quais os cientistas de diferentes paradigmas estariam em "mundos diferentes":

> Kuhn tinha razão em dizer que 'um paradigma filosófico iniciado por Descartes e desenvolvido ao mesmo tempo pela dinâmica newtoniana' precisava ser derrubado, mas permitiu que esta noção do que contava como 'paradigma filosófico' fosse determinada pela noção kantiana de que o único substituto para uma descrição realista de um espelhar bem sucedido era uma descrição idealista da maleabilidade do mundo espelhado (RORTY, 1988, p. 254).

Quando o pragmatista diz "que uma noção depende dos interesses não significa dizer que todos os interesses são igualmente aceitáveis" (PUTNAM, 1998, p. 99). Isto quer dizer que "a nossa imagem do mundo não pode ser 'justificada' por nada a não ser o seu sucesso julgado pelos interesses e valores que evoluem e são modificados ao mesmo tempo e em interação com a nossa imagem em evolução do próprio mundo" (PUTNAM, 1999, p. 103). Por isso nem o "mundo", nem os valores (em se mantendo o dualismo fato-valor) podem ser considerados "criação" do homem.

Numa linha pragmatista, pretende-se combater as posturas essencialistas em ética, sem precisar afirmar: "o discurso pela universalização dos direitos humanos é sem sentido", mas também sem precisar afirmar: "os direitos humanos independem do contexto e da história".

Sobre essa discussão é que parece se manter a controvérsia entre Putnam e Rorty. Ambos parecem concordar que a "verdade" ou "acertabilidade" das descrições não pode ser aferida fora de um contexto. O problema é que Putnam não consegue se livrar da assertiva de que "O fato de uma declaração ser garantida ou não é independente da maioria dos nossos pares culturais dizer que são garantidas ou não" (PUTNAM, 1999, p. 96).

Rorty (1999, p. 45) não consegue aceitar esta possibilidade de justificação não sociológica de justificação. Todavia, o que Putnam parece querer deixar claro é que a medida das descrições não é arbitrária, e, por isso, não pode ser simplesmente modificada por uma maioria.

Ao defender sua posição, invoca a tese de que as bases da linguagem não surgem do nada, mas são objeto de uma história. Daí a impossibilidade imediata de que uma maioria forje a verdade ao seu bel prazer. Destaca que não se podem escolher as crenças que se tem. Daí que não é a maioria que define a verdade, mas o uso da descrição dentro do jogo, que não está a mercê dos pares culturais, não podendo ser modificado pela simples "vontade" desses pares. Assim é que não podemos escolher os interesses que temos (PUTNAM, 1998, p. 98).

Na verdade, quer-se, com a postura pragmatista, defender a tese que considera o homem como ser inserido sempre num jogo de linguagem, e o jogo reflete os interesses e necessidades humanas, não havendo que se falar em critério incondicional de solução de controvérsias.

Isto vai levar a uma visão diferente dos discursos éticos ditos universalistas, como acontece com o discurso pelos direitos humanos. Uma visão mais tolerante com as especificidades de contextos culturais e que, todavia, não torne inviável o discurso incomensurável. O que não se pode é, a pretexto de não ser relativista, usar o conhecimento das "essências para criticar as perspectivas que consideram falsas, e apontar a direção do progresso para a descoberta de mais verdades (RORTY, 1999, p. 233-234).

Uma perspectiva relativista neste campo efetivamente justificaria atos que, hoje, foram condenados pela humanidade e que sofreram, inclusive, intervenções bélicas ditas "humanitárias". Uma postura relativista certamente seria contra as intervenções humanitárias. Seria contra o discurso em defesa dos direitos humanos, visto que tais direitos seriam pertencentes a certos paradigmas, incomensuráveis, e, portanto, impassíveis de tradução para outras formas de vida.

Não é essa a leitura que se quer fazer do pragmatismo em Rorty ou em Putnam. Como se verá adiante, o que se pretende é usar a postura pragmatista para melhor visualizar o ambiente internacional em que os direitos humanos são discutidos. Tentar vê-los não como pautas fora de negociação, mas como pautas para educação, dentro de um ambiente linguístico de alto grau de incomensurabilidade.

Para isso, tentar-se-á demonstrar, no próximo ponto do capítulo, que a distinção entre comensurabilidade e incomensurabilidade pode ser vista, ao estilo pragmatista, como uma diferença de grau e não de gênero, destacando-se, ainda, que, mesmo num alto grau de incomensurabilidade, o discurso é possível e, muitas vezes, viável, contanto que a incomensurabilidade seja percebida, e não simplesmente ignorada.

2.5 A possibilidade de um discurso sobre os direitos humanos num âmbito inter-paradigmático

Rorty (1988, p. 247 e ss) usa os termos para um objetivo diferente do que se quer nesse trabalho. Em seu *A filosofia e o espelho da natureza*, o autor quer apresentar o lugar para o seu neopragmatismo, que ele denomina de hermenêutica, em oposição à epistemologia.

Já o que se quer aqui é apresentar as noções de comensurabilidade e incomensurabilidade como tipos ideais que serviriam para medir o grau de consenso que um debate pode obter, no campo específico de tratamento deste trabalho, qual seja, os direitos humanos.

Assim sendo, para escapar da conseqüência mais grave que a

incomensurabilidade pode acarretar – a visão de que os discursos de paradigmas diversos são intraduzíveis entre si – deve-se tentar pensar a comensurabilidade como uma característica dos discursos proferidos em um ambiente no qual o grau de consenso sobre as bases da comunicação é suficiente a se encontrar critérios mais ou menos estabelecidos para a solução de controvérsias.[10]

Quando o nível de dissenso existente entre os participantes do discurso é tão alto, que os colocam sem um critério que possa ser usado para a solução das controvérsias, está-se diante de um discurso incomensurável. Quando, ao contrário, é possível identificar bases de entendimento sobre critérios para solução de controvérsias, tal discurso é comensurável.

O que se quer, pois, é destacar que esta diferença não pode ser estabelecida com base numa linha bem definida. A diferença entre discursos comensuráveis e incomensuráveis seria, então, uma diferença de grau, donde quanto maior for o grau de consenso existente entre os utilizadores da linguagem, sobre os critérios para solução de controvérsias, maior grau de comensurabilidade possuem os discursos.

Isto quer dizer que não há uma "incomensurabilidade pura", que tornaria incomunicáveis os discursos proferidos por formas de vida diferentes. O que pode haver são discursos com tão alto grau de incomensurabilidade que o entendimento fica muito prejudicado.

É evidente que Kuhn está a tratar da questão específica da evolução científica ao usar a noção de paradigma. Mas o que se propõe nesse trabalho é trazer esta expressão para um uso mais amplo, amparado na sua semelhança com a noção de jogo de linguagem. Aplicando-a na questão da universalidade dos direitos humanos, ao usar as noções de comensurabilidade e incomensurabilidade, apresenta-se o discurso sobre os direitos humanos, como descrições contextualizadas das necessidades humanas, e que, quando são proferidos em ambientes cujos falantes são utilizadores de jogos de linguagens diferentes, ou seja, participam de paradigmas diferentes, tal discurso tem alto grau de incomensurabilidade.

Mais especificamente, portanto, não só na chamada ciência

---

[10] Rorty deixa claro que não concorda que há discursos plenamente incomensuráveis (RORTY, 2000, p. 101).

normal se poderiam verificar ambientes em que a existência de um vocabulário comum possibilitaria a comunicação sobre os direitos humanos (KUHN, 2003, p. 29). Isto fica evidente quando se percebe que, em grande parte das constituições dos estados democráticos do ocidente estão presentes os conteúdos básicos das declarações universais de direitos humanos.

Todavia, no contexto das discussões entre ocidente e oriente, quanto à obediência aos chamados direitos humanos, as diferenças entre as bases linguístico-culturais dos participantes dos discursos impedem que se fale apenas em efetivação de direitos, pois o próprio conteúdo do que seriam os "direitos humanos universalmente aceitos" ainda é bastante controverso.

Claro que esta visão da incomensurabilidade vem fazer frente à ideia de que os direitos humanos devem ser considerados atributos próprios a uma racionalidade humana e, portanto, seriam universais e incondicionais. Na verdade, uma visão oposta à transformação da ideia filosófica da universalidade da natureza humana em instituição política, à substituição dos fundamentos filosóficos para a natureza humana, pela noção de "direitos humanos" (RORTY, 1999, p. 86). O que vem a constituir uma maneira diferente de regular as relações entre governantes e governados no mundo ocidental, passando-se a apresentar o homem em seu caráter incondicional (BOBBIO, 2003, p. 195).

Assim é que, quando se diz que os direitos humanos, expressos na declaração universal dos direitos do homem, ou mesmo nas constituições da maioria dos países ocidentais, estariam fixando as fronteiras da deliberação política, tal postura invoca um universalismo inaceitável a uma teoria pragmatista. "De um ponto de vista pragmatista, a noção de 'direitos humanos inalienáveis' não é nem melhor nem pior nem pior do que o slogan de uma 'obediência aos desígnios de Deus'" (RORTY, 1999, p. 83).

A dificuldade em se falar de um discurso universal fica evidente, também quando pensamos na evolução do que veio a ser chamado de "direitos humanos". Pense-se na incompatibilidade das noções surgidas com os chamados direitos de primeira, segunda, terceira e quarta geração, que surgiram em momentos históricos específicos, e se constituem em verdadeiros paradigmas dos direitos humanos.

Como se coadunar o direito de propriedade em Locke, com a

noção de proteção ao meio ambiente? São descrições com alto grau de incomensurabilidade. A mesma dificuldade é encontrada ao tentar-se traduzir uma descrição da física newtoniana no paradigma da física quântica.[11]

Imaginar essa condição de intraduzibilidade, todavia, simplesmente inviabiliza qualquer comunicação inter-paradigmática, deixando sem explicação como, em primeiro lugar, ocorrem as mudanças paradigmáticas na história; e, em segundo lugar, como pode haver comunicação entre povos que falam linguagens diferentes?

Quanto ao primeiro problema, a questão é: como se muda um vocabulário, sem perder a comunicabilidade? Como surgiu o vocabulário da física quântica, se todos os cientistas falavam, antes, a linguagem newtoniana, por exemplo? Quanto ao segundo ponto, como dois povos, que possuem formas de vida distintas, conseguem se reunir em uma deliberação internacional? Estas perguntas ficariam sem respostas, caso se pensasse na incomensurabilidade como intraduzibilidade entre paradigmas.

Os paradigmas não surgem do nada, mas se originam do vocabulário de algum outro paradigma. Eles se modificam com base um vocabulário anterior. O que se considera uma metáfora num determinado paradigma, pode vir a se tornar literalidade em um paradigma diferente. Também a diversidade de vocabulários contemporâneos pode formar um novo vocabulário diferente:

> As conquistas revolucionárias nas artes, nas ciências e no pensamento moral e político verificam-se tipicamente quando alguém se apercebe que dois ou mais dos nossos vocabulários estão a interferir um com o outro e tenta inventar um novo vocabulário que substitua os outros dois (RORTY, 1994, p. 34).

Por outro lado, numa visão pragmatista, pensar que todas as linguagens sejam traduzíveis umas nas outras não significa que tais equivalências possam ser encontradas. "Significa apenas que não podemos atribuir sentido à pretensão de que existem mais do que impedimentos temporários para o nosso *know-how* – a pretensão de

---

[11] A física quântica elimina o determinismo absoluto e o substitui pela incerteza quanto à possibilidade de determinar o movimento e a posição de uma partícula que aparece, tanto como energia, tanto como matéria (MORIN, 2000, p. 225). Sobre a sua relação com o pensamento jurídico ver PACHECO, 2004.

que algo chamado 'um esquema conceptual diferente' nos impede de aprender a conversar com o utilizador de outra linguagem. Não afasta também a intuição por detrás da falsa pretensão romântica de que os grandes poemas são intraduzíveis. Eles são, evidentemente, traduzíveis; o problema é que as traduções não são elas mesmas grandes poemas" (RORTY, 1988, p. 276).

"Impedimentos temporários" para o entendimento. A incomensurabilidade, para o pragmatista, não pode significar um impedimento definitivo à comunicação. Isto seria negar a ideia pragmatista de que nada é incondicional, nada é não-relacional. Portanto, a incomensurabilidade em alto grau, é impedimento temporário ao entendimento, que pode ser superado, desde que se possibilite a continuidade da conversação.

Isto quer dizer que nem se podem ver os direitos humanos como parâmetros definitivos e indiscutíveis, nem o inverso disso, ou seja, que não pode haver uma conversa universal, dada a inexistência de bases fixas para solução de controvérsias e possibilidade do entendimento. A noção de incomensurabilidade não quer trancar a conversação, pois não pretende assumir o papel da noção metafísica de uma lei moral incondicional. O pragmatista, como vimos, não pretende ser um relativista.

Nesse sentido, "podemos saber como responder a uma observação crítica num jogo de linguagem diferente, sem que saibamos qual é a frase do nosso jogo de linguagem ordinário que, materialmente, equivale a essa observação" (RORTY, 1988, p. 276). Daí que a comunicação inter-paradigmática é possível, pelo que o discurso pela universalidade dos direitos humanos é também, possível, e, muitas vezes, viável.

O progresso no discurso dos direitos humanos, para o pragmatista, seria a possibilidade de os seres humanos se auto re-descreverem, sem empecilhos que propiciem o fim da conversação. Seria o avanço na substituição do incondicional, pela continuidade da conversa, mesmo quando a incomensurabilidade dos discursos impeça o consenso imediato.

Afirmar, entretanto, que o discurso pela universalidade dos direitos humanos é possível, significa, no contexto desse trabalho, afirmar que é possível a comunicação entre povos que utilizam linguagens diferentes, inserindo-os no debate acerca de como as necessidades dos homens e mulheres podem ser cada vez mais e melhor adimplidas. Defender a universalidade dos direitos humanos não é, na visão pragmatista apresentada aqui, uma forma de "erguer a espada" quando todos os esforços argumentativos tenham se exaurido (RORTY, 1999, p. 83).

Se assim o é, ao constatar o alto grau de incomensurabilidade de determinados discursos, ao invés de utilizar uma das opções acima explicitadas (aplicar a Lei Moral, ou ser relativista), o que se propõe é que a incomensurabilidade propicie mais conversação e menos força.

De um lado, pois, não há razão para se pensar os seres humanos do ocidente tenham agora se "apoderado do melhor vocabulário para formular hipóteses que expliquem e prevejam todos os outros espíritos (ou, talvez, os outros corpos)" (RORTY, 1988, p. 272). Não há razões para pensar, de outro lado, que as descrições efetuadas por outros tipos de seres humanos sejam tão boas como quaisquer outras.

> Não podemos escolher os interesses que temos. A linguagem que falamos reflete quem somos e aquilo que somos, e reflete em especial o gênero de interesses que temos. Desde que conheçamos o tipo de interesses que as pessoas realmente têm, seremos capazes de ouvir declarações que parecem contraditórias e entendê-las de uma maneira que não é contraditória (PUTNAM, 1998, p. 98).

Ver, portanto, o discurso pela universalização dos direito humanos como uma tentativa de persuasão, sempre contextualizada, não implica em relativismo, nem em defesa de uma moralidade universal. O pragmatista pode, portanto, defender os direitos humanos. Pode, pois, ser contra determinadas descrições, mesmo que feitas em contextos diversos do que ele vive. Pode ser contra a violação do que considera serem direitos humanos.

2.6 Considerações conclusivas: as consequências práticas que podem resultar do reconhecimento da incomensurabilidade dos discursos sobre os direitos humanos (a educação para a identificação em lugar da força)

Finalmente, pretende-se justificar porque a postura pragmatista pode servir melhor à discussão sobre os direitos humanos numa sociedade complexa como a que se apresenta hodiernamente. Nesse sentido, uma visão pragmatista deixará de lado questões metafísicas sobre a existência ou não de direitos universais, para que a energia dos homens esteja concentrada em educar e incluir, ou seja, educar para aumentar a identificação entre os seres que podem ser chamados de "humanos" (RORTY, 1999, p. 176).

Ao apresentar as descrições humanas, seja em ética, seja em ciência, como descrições linguísticas contextualizadas, o pragmatista não quer dizer: "não existem direitos humanos", em substituição a: "existem direitos humanos". Não se quer dizer que, ao invés de "realidade", há somente "construções humanas". O que se quer é afirmar que todo o debate de homens e mulheres sobre direitos humanos gira entorno de quais descrições são melhores ou piores para suprir as necessidades dos seus semelhantes, aqueles com quem se identificam.

Nesse sentido, a constatação de que um alto grau de incomensurabilidade permeia a comunicação inter-paradigmática existente sobre a questão dos direitos humanos, demonstra a necessidade de se perquirir a respeito de como os humanos devem lidar com esta dificuldade de comunicação e, portanto, de identificação.

Os conflitos éticos, o terrorismo e as intervenções humanitárias são a prova de que, muitas vezes, a constatação da incomensurabilidade pode trazer como consequência o uso da força. Todavia, não parece ser isso o que uma postura pragmatista em ética propõe, dada sua primazia à tolerância. Ocorre que, em determinados tipos de conflito, a falta de parâmetros estabelecidos para a conversação redunda não em "mais conversação", mas sim no uso da força bruta.

Quando se defende uma postura pragmatista, pretende-se defender a continuidade da conversação, ao contrário de se tentar impor um tipo de descrição, muitas vezes incompatível com determinadas formas de vida. Este tipo de imposição pode levar à intolerância e à crueldade, situações que não se coadunam com uma cultura dos direitos humanos.

Muitas vezes, porém, o grau de incomensurabilidade entre os discursos é tão alto, que só a intolerância parece ser a resposta. Assim, quando os Sérvios estavam a assassinar e estuprar os muçulmanos, eles não pensavam estar violando direitos humanos, simplesmente pelo fato de que, para eles, os muçulmanos não eram considerados "humanos". "Eles estão fazendo a mesma distinção que as Cruzadas fizeram entre humanos e cachorros infiéis" (RORTY, 1999, p. 167).

É como se, neste tipo de conflito de interesses, a mínima base necessária para a conversação não existisse. Não há sequer a identificação de um e de outro como seres humanos, e a força prevalece. Com base nisso, o "mundo ocidental", de outro lado, passa a ver os intolerantes da mesma forma, como não-humanos. Daí que a conversa também é impossível entre eles, pois não há identificação mínima das bases para o entendimento, ou das formas de solução de controvérsias.[12]

Assim, um pragmatista não precisa estar alheio a isto ao defender a continuidade da conversação. Na verdade, ao defender a conversação, o pragmatista não deve ser visto como um relativista, que não se preocupa com aqueles outros utilizadores da linguagem que estão a sofrer. A força pode ser usada como instrumento de defesa contra a intolerância.

Mas a constatação da incomensurabilidade deve deixar os utilizadores da linguagem mais atentos a esta possibilidade, de forma que possam, a todo custo, tentar evitá-la, mantendo em aberto as pautas para a conversação. Daí que a pretensão de respeito aos direitos humanos por todos os povos não pode se tornar a busca pela fixidez de parâmetros conversacionais, dado o alto grau de incomensurabilidade em que se encontram os participantes humanos.

Quem defende os "direitos humanos", defende um determinado tipo de descrições que não são necessariamente boas em si mesmas, mas necessitam de fundamentos para serem aceitas. Trata-se de persuadir uma determinada comunidade de seres, que acham natural agir de certa maneira, a agir como seus semelhantes.

A pretensão de que os seres identificados como humanos tenham determinadas necessidades supridas é, na verdade, uma

---

[12] "Nós aqui nas democracias ricas e seguras, sentimos pelos assassinos e estupradores sérvios o mesmo que eles sentem pelas suas vítimas muçulmanas: eles são mais parecidos com animais do que conosco" (RORTY, 1999, p. 167).

recomendação de que os homens e mulheres devam estabelecer como pautas de conversação e como formas de solução de controvérsias éticas, determinados tipos de ações morais (RORTY, 1999, p. 85).

Os direitos humanos podem ser considerados, então, como pautas para educação humana. O tipo de educação que leva pessoas de diferentes tipos a estarem suficientemente identificadas entre si, de forma tal que possam vê-las como semelhantes, e não como pseudo-humanos. "A meta desse tipo de manipulação de sentimentos é expandir a referência aos termos 'nosso tipo de gente' ou 'pessoas como nós'" (RORTY, 1999, p. 176).

A proposta do texto é, portanto, na linha do pensamento pragmático de Rorty, encarar os direitos humanos como descrições a serem analisadas em uma comunidade cada vez mais plural, de forma a que se lide com a incomensurabilidade com mais persuasão e menos força bruta, mais educação e menos imposição.

Não se trata, todavia, de dar um caráter transcendente à forma de se educar, nem pensar numa forma de persuasão que se dê num ambiente de "comunicação não distorcida" ou coisa que o valha. Nem se trata de pensar em "validade universal" ou transcendência do "contexto local", pois um pragmatista não conceberia "transcendência" como algo que fizesse diferença prática.[13]

Propõe-se, enfim, não trazer qualquer descrição definitiva da natureza humana ou de conteúdos morais incondicionais (RORTY, 2000, p. 123). Também não se pretende trocar o metafísico pelo relativista cultural, de forma que uma teoria pragmatista possa trazer alguma contribuição ao debate ético sobre os direitos humanos, servindo no mínimo como um alerta.

Um aviso de que, quanto mais os humanos deixam de se identificar com seus semelhantes apenas porque não conseguem se comunicar imediatamente, mais o mundo estará propenso a resolver seus conflitos de interesses pelo uso da força, ao invés de tentar,

---

[13] A noção é encontrada em Habermas, segundo o qual as pretensões de validade, "enquanto pretensões, transcendem todo contexto local; ao mesmo tempo, caso devam sustentar o acordo dentre os participantes da interação, capaz de ter efeitos coordenativos, têm de ser levantadas e reconhecidas facilmente aqui e agora" (HABERMAS, 2002, p. 446). Rorty (2000, p. 122) aduz: "Mi problema es que no comprendo qué significa aquí 'transciende'".

ainda, uma solução conversacional.

3

A FUNDAMENTAÇÃO DOS DIREITOS HUMANOS: MULTICULTURALISMO, LIBERALISMO E A VISÃO PRAGMATISTA

3.1 Introdução

Este artigo pretende apresentar a tese de que o pragmatismo filosófico está mais próximo das concepções liberais do que do relativismo das teorias comunitaristas. O desafio do trabalho existe, pois o pragmatismo jurídico normalmente é apresentado como uma teoria antiessencialista e crítica ao universalismo, o que a aproxima de uma visão comunitarista, que tem no relativismo cultural um de seus elementos.

Nesse sentido, a abordagem pretende mostrar visões teóricas distintas sobre o dualismo universalismo-relativismo. As teorias comunitaristas, que estão preocupadas em negar a visão liberal universalista, e que servem como um dos fundamentos para o discurso multiculturalista, serão apresentadas por meio da teoria do reconhecimento de Axel Honneth e sua versão hegeliana do comunitarismo. Depois, apresenta-se a visão de Nancy Fraser e Boaventura de Sousa Santos sobre o multiculturalismo e a interpretação dos direitos humanos.

O pragmatismo é apresentado aqui como crítico ao multiculturalismo, mas, ao mesmo tempo, tentando não ser confundido com uma forma de essencialismo universalista. É o pragmatismo de Richard Rorty, que se apresenta como uma continuidade da tradição pragmática americana que remonta a Peirce, James e, principalmente, Dewey.

Já o liberalismo contemporâneo é apresentado pela crítica aos modelos de economia centralizada, além da teoria da justiça de Robert Nozick e sua crítica ao estado interventor. Aqui o objetivo é apresentar a defesa dos direitos humanos como direitos individuais.

Ao final, apresentar-se-á o pragmatismo não simplesmente como síntese de posturas contraditórias. O pragmatismo filosófico, apesar de negar o essencialismo e o universalismo, não deixa de ser uma teoria capaz de servir de fundamento para a defesa de direitos humanos.

O pragmatismo não se confunde com a visão filosófica do liberalismo clássico ou contemporâneo, apesar de, politicamente, alinhar-se em muitos pontos com ela. Ao concordar, porém, com a fundamentação dos direitos humanos com base numa ideia de universalidade, o pragmatismo recusará o discurso do multiculturalismo, evitando assim o relativismo cultural.

3.2 As teorias do reconhecimento e a crítica ao universalismo

Como modelo a ser analisado, pretende-se lidar com a teoria proposta por Axel Honneth, sem deixar de apresentar as ideias de outros teóricos do reconhecimento, buscando reunir as premissas teóricas trazidas pelos autores para sustentar a necessidade e a utilidade de uma teoria do reconhecimento no contexto da sociedade contemporânea.

Iniciarei apresentando a teoria do reconhecimento e suas premissas, além do conceito de multiculturalismo e da preocupação com que as diferenças culturais sejam levedas em consideração pela teoria social, numa crítica à visão universalista da justiça e dos direitos humanos.

As teorias do reconhecimento surgem como alternativa teórica tanto ao liberalismo quanto ao socialismo, na medida em que apresentam a tese de que determinados grupos, com identidades específicas, não podem ser tratados na forma da igualdade formal do liberalismo, nem a eles bastam as providências materiais propostas por uma teoria socialista.

Algo como uma transformação do foco da teoria crítica pós-marxista do trabalhador para o cidadão, reconstruindo-se a teoria crítica com base numa teoria do reconhecimento. Para isso, utiliza-se de premissas filosóficas hegelianas para afirmar a existência de uma dialética consubstanciada na luta por reconhecimento, introduzindo a noção de conflito sem, todavia, recair num modelo hobbesiano, no qual a autopreservação adquire papel preponderante (PEREIRA DA SILVA; DOMINGUES, 2000, p. 123-135).

De Hegel, Axel Honneth toma a noção de reconhecimento no sentido de que uma filosofia deve levar em consideração os "vínculos éticos, em cujos quadros os sujeitos se movem juntos desde o princípio, em vez de partir dos atos de sujeitos isolados; portanto, deve ser aceito como uma espécie de base natural da socialização humana um estado que desde o início se caracteriza pela existência de formas elementares de convívio intersubjetivo" (HONNETH, 2003, p. 43).

Aproveita-se o argumento de que a eticidade é o modo de vida natural do ser humano e, nesse sentido, as formas mais evoluídas de eticidade são nada mais que desdobramento de uma dialética de reconhecimento que ocorre desde o início, havendo, entre a relação familiar, as sociedades mais primitivas e o estado moderno uma diferença muito mais de grau do que de gênero.

Deve-se ressaltar que não há, aqui, a intenção de discutir especificamente a premissa tomada de Hegel, pois seria necessária uma análise própria sobre tema de tamanha importância. Notadamente, quanto à utilização, por Honneth, do conceito desta "base natural da socialização humana" ou desses estados que "desde o início" evocam formas de eticidade.

Pode-se destacar, todavia, a consideração de que este "início", que se caracteriza por formas de eticidade "natural", é encarado por Honneth como um início material, ou empírico, retomando uma dialética social dita natural. Destaca-se que, na *Fenomenologia do Espírito*, esse aspecto do reconhecimento é, muito mais, um modelo teórico ligado a um fundamento lógico-filosófico, ou até mesmo metafísico, segundo o qual a "consciência-de-si é *em si* e *para si* quando e por que é em si e para si para uma Outra; quer dizer, só é como algo reconhecido" (HEGEL, 2002, p. 142).

Esse reconhecimento assume, na filosofia do Hegel tardio, um aspecto mais desligado de uma concepção material ou empírica, aparecendo como um modelo teórico-filosófico mais amplo e que se refere ao conjunto da filosofia do espírito ou do idealismo hegeliano.

Daí que, ao resgatar os escritos hegelianos da fase em que estava em Jena, Axel Honneth pretende enfatizar o conceito material de luta, que começa a desaparecer na fase posterior do pensamento Hegeliano, quando, já na *Fenomenologia do Espírito*, aparece como uma noção mais abstrata, que adquire um aspecto metafísico, condizente com a proposta filosófica hegeliana (HONNETH, 2003, p. 67 e 117)

> Em sua reconstrução do argumento hegeliano, Honneth pretende deixar de lado o desenvolvimento metafísico desta idéia como acontece no Hegel maduro, e preservar o estímulo da intuição hegeliana da luta por reconhecimento como fundamento do processo de aprendizado moral de sociedades concretas (SOUZA; DOMINGUES, 2000, p. 159-206).

Assim, levando-se em consideração que naturalmente o ser humano participa da eticidade numa luta por reconhecimento, tem-se que se afasta da esfera do reconhecimento da natureza para o reconhecimento intersubjetivo numa luta para obtenção de espaço de reconhecimento pelo outro.

Tal reconhecimento se dá em três formas de relação consigo mesmo, que designam três esferas ou graus de eticidade. As relações primárias se referem ao amor e à amizade, as relações legais se referem aos direitos e, na comunidade de valor, tem-se a solidariedade. Em cada um desses três âmbitos, tem-se uma relação específica do indivíduo consigo mesmo, que se refere à autoconfiança, auto-respeito e auto-estima, respectivamente.

Assim, a possibilidade de desenvolvimento de uma identidade por parte dos indivíduos tem a ver com o desenvolvimento dessas três formas de relação consigo mesmo (*self*). Todavia, tais relações só podem ser desenvolvidas com o reconhecimento dos outros, sendo que as condições de auto-realização dos indivíduos dependem de relações de reconhecimento mútuo (PEREIRA DA SILVA, 2000, p. 123-135).

> Neste sentido, o sujeito deve ser visto como alguém que, precisamente através da aceitação por parte de outros sujeitos de suas capacidades e qualidades, sente-se reconhecido e

consequentemente em comunhão com estes, possibilitando sua disposição de também reconhecer o outro em sua originalidade e singularidade (SOUZA, 2000, p. 159-206).

Esta perspectiva vai de encontro ao pensamento liberal, que pensa o indivíduo como entidade atomista, superando uma moral formalista kantiana-hobbesiana, e passando a visualizar o indivíduo num contexto intersubjetivo de interesses voltados ao reconhecimento pelo outro.

Neste sentido, o conceito de "luta por reconhecimento" só começa a fazer sentido quando ultrapassa a esfera da relação intersubjetiva primaria (amor) e alcança o estágio em que experiências concretas de desrespeito são interpretadas como típicas experiências de um grupo relativamente homogêneo, de forma tal que possam influir na ação conjunta e organizada desse grupo na luta pelo reconhecimento e pela cessação das formas de desrespeito, além do sentimento individual de resgate de auto-estima perdida (HONNETH, 2003, p. 257).

Tal ruptura também proporciona um pensamento teórico voltado a uma perspectiva dialética não mais simplesmente socialista ou liberal, já que leva em consideração o reconhecimento amplo das necessidades de autoconfiança, auto-respeito e auto-estima, dimensões da subjetividade humana que não se resumem a uma proteção de direitos individuais nem a manutenção de um mínimo material.

No caminho desconstrutivista, Nancy Fraser, considera que a temática do reconhecimento pode se tornar operacional para o esclarecimento dos conflitos políticos da pós-modernidade, caracterizado pelas múltiplas identidades de grupos específicos pleiteando reconhecimento. É nesse sentido que uma teoria do reconhecimento explicaria melhor a dinâmica dos conflitos sociais do século XX (SOUZA; DOMINGUES, 2000, p. 159-206).

> Demandas por "reconhecimento das diferenças" alimentam a luta de grupos mobilizados sob as bandeiras da nacionalidade, etnicidade, raça, gênero e sexualidade. Nesses conflitos pós-socialistas, identidades grupais substituem interesses de classe como principal incentivo para mobilização política (FRASER, 2001, p. 245-282).

Desloca-se, pois, a ideia de redistribuição econômica como solução de todos os problemas sociais, já que os grupos pleiteiam muito mais que pautas de interesses materiais. Sem negar, todavia, a necessidade de redistribuição, diante da alegada disparidade entre detentores da riqueza e as populações excluídas de bens materiais, Nancy Fraser pretende afirmar que uma teoria social não pode prescindir de redistribuição nem de reconhecimento.

A questão do reconhecimento está ligada ao que a autora chama de complexidades da vida política pós-socialista. "Com a perda de centralidade do conceito de classe, movimentos sociais diversos mobilizam-se ao redor de eixos de diferença inter-relacionados" (FRASER, 2001, p. 245-282). Assim, nesse novo contexto de movimentos sociais com interesses múltiplos, que envolvem pautas as mais diversas, só uma teoria do reconhecimento seria cabível.

Todavia, Fraser destaca que tais pautas envolvem o que se chama de injustiça cultural (ligada às pautas de reconhecimento) e injustiça econômica (ligada às pautas de redistribuição), cuja distinção é enfatizada pela autora ao mesmo tempo em que destaca que, na prática, tais pretensões estão interligadas e que, portanto, muitos movimentos sociais pleiteiam bens que se encaixam em ambas as categorias.

Segundo Fraser:

> Normas culturais enviesadas de forma injusta contra alguns são institucionalizadas no Estado e na economia, enquanto as desvantagens econômicas impedem participação igual na fabricação da cultura em esferas públicas e no cotidiano. O resultado é frequentemente um ciclo vicioso de subordinação cultural e econômica (FRASER, 2001, p. 245-282).

A distinção serve, pois, para categorizar os movimentos sociais e de forma a possibilitar a elaboração de uma teoria crítica do reconhecimento que contemple tanto as demandas por reconhecimento quanto as demandas redistributivas. O problema é que, muitas vezes, tais demandas podem apresentar remédios contraditórios, donde em se lutando por um aspecto, reduz-se a importância de se lutar pelo outro aspecto (PEREIRA DA SILVA; DOMINGUES, 2000, p. 123-135).

Assim é que, só com uma reestruturação profunda de relações de produção conjugada com uma reestruturação das relações de reconhecimento de forma a desestabilizar as diferenciações entre grupos é que o dilema reconhecimento-redistribuição seria suavizado, possibilitando uma teoria crítica do reconhecimento mais condizente com a complexidade dos pleitos sociais (FRASER, 2001, p. 245-282).

Neste sentido, a proposta de uma teoria do reconhecimento se encaixa na pretensão de analisar os movimentos sociais contemporâneos sem repetir a previsão de igualdade formal do liberalismo ou a pretensão escatológica de igualdade material do socialismo. Evidentemente, uma leitura dogmática de tais propostas poderia resultar em teorias do reconhecimento que tratam as diferenças como categorias fixas, ou que pretendem apresentar estruturas conceituais escatológicas.

3.3 O Multiculturalismo e sua relação com a teoria política do reconhecimento

Multiculturalismo é palavra que expressa o entendimento de que há valores específicos dentro das sociedades contemporâneas, de forma tal que a redução de tal pluralidade à consideração de uma teoria política universalista ou meramente formal seria incapaz de analisar com correção o cenário social contemporâneo, podendo gerar pensamentos dogmáticos.

Assim é que Multiculturalismo e Teorias do Reconhecimento estão relacionados, sendo que "o multiculturalismo é a expressão da afirmação e da luta pelo reconhecimento dessa pluralidade de valores e diversidade cultural no arcabouço institucional do estado democrático de direito" (COSTA; WERLE; AVRITZER; DOMINGUES, 2000, p. 207-238).

Neste sentido, no contexto específico dos países periféricos, seria evidente a necessidade de reconhecimento de grupos excluídos da economia, da participação política, na mídia, e, enfim, da construção da sociedade para a aquisição dos pleitos de reconhecimento já mencionados de autoconfiança, auto-respeito e auto-estima.

Grupos de excluídos formariam os mais variados tipos de identidade, como aquelas relativas à raça, ao gênero, à preferência sexual, ao local de moradia, à classe social, entre outros que, através de organização social, aparecem na mídia ou na política com suas necessidades específicas.

Para Boaventura de Souza Santos (2003, p. 29), o

multiculturalismo é uma visão de mundo não eurocêntrica, que pretende assegurar a visibilidade de culturas marginalizadas ou excluídas da modernidade ocidental. Esse reconhecimento, todavia, não se refere à **inclusão** dessas culturas, mas de uma espécie de "diálogo intercultural com o objetivo de forjar alianças e coligações políticas para a promoção das culturas e grupos subalternos".

É nesse contexto que uma teoria do reconhecimento pretende teorizar a sociedade. Na visão do multiculturalismo, portanto, essa metodologia seria essencial especialmente para análise das demandas sociais em países periféricos como, por exemplo, o Brasil.

O multiculturalismo seria especialmente interessante, também, nas discussões sobre o papel do Estado moderno diante de demandas internas de grupos de culturas diferentes da "hegemônica" que vivem sob a égide das mesmas leis. Segundo Boaventura de Sousa Santos (2003, p. 29), a "expressão *multiculturalismo* designa, originalmente, a coexistência de formas culturais ou de grupos caracterizados por culturas diferentes no seio de sociedades 'modernas'".

Segundo Boaventura de Sousa Santos (2003, p. 29), a consideração do multiculturalismo pretende enfatizar a realização da igualdade pela consideração dos diferentes contextos e grupos sociais. Pretende superar a distinção entre sociedades que "têm" cultura e sociedades que "são" cultura. Tal distinção encerraria uma consideração de que determinados povos e grupos seriam meros objetos culturais das sociedades estruturadas no modelo europeu, que seriam as sociedades que "têm" cultura.

A se encarar a sociedade do ponto de vista das teorias do reconhecimento ou do multiculturalismo, teremos que entender as discordâncias sobre o conteúdo dos direitos humanos como legítimas e, além disso, entender que o conteúdo clássico dos direitos humanos seria nada mais que a imposição de valores de uma cultura sobre outra. Sendo assim, o universalismo seria uma violência contra culturas não hegemônicas.

Diante de tantas diferentes visões sobre os direitos humanos, o correto seria tratar as culturas como iguais e entender as diferenças. A aproximação seria dada pela conversação hermenêutica, capaz de aproximar valores distintos sem o uso da força ou da imposição cultural.

Para Boaventura de Souza Santos (2003, p. 56) o multiculturalismo vê os direitos humanos como uma "constelação de idéias distintas de dignidade humana". Essas visões distintas deveriam ser tornadas inteligíveis por meio de um diálogo intercultural. A esse diálogo, o autor dá o nome de "hermenêutica diatópica".

Ao falar de um exemplo da aplicação da hermenêutica diatópica, Boaventura fala das diferenças entre o *dharma* indiano e a cultura ocidental individualista dos direitos humanos. Alega que a incompletude do *dharma* se refere exatamente à falta de preocupação com princípios de liberdade individual e autonomia, negligenciando os direitos primordiais do indivíduo.

Enquanto isso, a incompletude do modelo baseado na cultura ocidental dos direitos humanos estaria ligada exatamente à falta de conexão entre as parte e o todo, esquecendo-se dos deverem em favor dos direitos, algo que está presente na cultura indiana.

Boaventura utiliza um outro exemplo. Tenta conciliar a *Sharia* dos muçulmanos e os direitos humanos. O problema é que a *Sharia* não reconhece os não muçulmanos como cidadãos, violando um pressuposto básico da dignidade humana e cirando uma incompatibilidade.

Como conciliar valores tão diversos? A tentativa de conciliação partiria da possibilidade de encontrar, no próprio Corão, princípios que fundamentassem a possibilidade de incluir todos os seres humanos. Sendo assim, a solução para compatibilizar as culturas seria encontrar no próprio ambiente da cultura muçulmana valores que justifiquem a aplicação do princípio da igualdade formal.

Da mesma forma, no caso da Índia, a tentativa é a de encontrar argumentos presentes nas próprias visões de mundo dos hindus. A defesa dos intocáveis estaria baseada, então, na releitura do *dharma* como "*dharma* comum", ao invés de um "*dharma* especial".

Ao que parece, a hermenêutica diatópica levaria ao entendimento de que os teóricos indianos e muçulmanos poderiam, eles mesmos, encontrar fundamentos em suas próprias culturas para serem compatibilizadas com os valores ocidentais. Nesse sentido, os valores ocidentais seriam absorvidos pelos princípios presentes nas próprias culturas indiana e muçulmana.

Visto assim, o pensamento de Boaventura parece até ser liberal.

Mas não é bem isso. Ele faz questão de enfatizar que a hermenêutica diatópica exige a produção de conhecimento coletivo, pelo que a cultura ocidental também teria que fazer concessões, que estariam relacionadas ao reconhecimento de direitos coletivos e de futuras gerações, como os direitos ecológicos, mais afeitos à visão de mundo indiana, por exemplo (SOUSA SANTOS, 2003, p. 445 e ss).

Evidentemente, o grande problema da consideração do multiculturalismo e das teorias do reconhecimento é a possibilidade de identificação de tais posturas com alguma espécie de **relativismo cultural**, que inviabilizaria qualquer discurso sobre ética, tolerância ou comensurabilidade entre os grupos conflitantes.

Para o autor, todavia, o relativismo cultural não é a melhor visão filosófica. Ele destaca que o que deve ser superado é o próprio debate entre universalismo e relativismo. O próprio Boaventura chama a atenção para que o multiculturalismo não sirva como justificativa para a opressão de minorias ou para a segregação e fechamento cultural. "O multiculturalismo pode ser o novo rótulo de uma política reacionária" (SOUSA SANTOS, 2003, p. 445 e ss).

Sua proposta, no entanto, se dá nas bases de uma argumentação vaga. Defende que o relativismo deve ser combatido a partir de critérios que distingam uma política progressista de uma política conservadora de direitos humanos (SOUSA SANTOS, 2003, p. 445 e ss).

3.4 Liberalismo, democracia e direitos humanos: a defesa dos direitos individuais pelo liberalismo contemporâneo

O caminho da filosofia contemporânea liberal para a fundamentação dos direitos humanos passa pela reafirmação radical dos direitos individuais e da crítica veemente aos chamados direitos sociais e ao coletivismo em todas as suas vertentes, tanto comunitarista quanto igualitária.

A ideia básica que encontramos nos liberais contemporâneos é a de que burocratas governamentais não têm informação suficiente para planejar políticas econômicas ou culturais e a manutenção de decisões centralizadas sempre leva a alguma forma de autoritarismo.

Tais informações são operadas, numa economia de mercado, por meio das escolhas individuais e do sistema de preços, informações distribuídas entre os bilhões de indivíduos que fazem escolhas sobre o que comprar e vender e sobre o que consumir ou produzir todos os dias.

Assim, por meio de um movimento sistêmico, o mercado distribui os bens escassos produzidos por meio de decisões individuais, evitando que uma elite escolha que bens serão produzidos e a que preço serão vendidos. A tese é a de que quando o governo central planeja, ele escolhe pelos indivíduos e, com isso, toma decisões equivocadas, ineficientes e autoritárias.

Segundo Mises (2012, p. 27):

> Ademais, a mente de um só homem, por mais brilhante que seja, é incapaz de compreender a importância de qualquer um dos inúmeros bens de ordem mais alta. Nenhum homem pode jamais dominar todas as possibilidades de produção — que são inúmeras — de modo a estar apto a fazer juízos de valor diretamente evidentes, sem a ajuda de algum sistema de computação. Se distribuíssemos para alguns indivíduos os controles administrativos sobre os bens de toda uma comunidade — cujos homens que trabalham na produção desses bens estão também economicamente interessados neles — teríamos de ter algum tipo de divisão intelectual do trabalho, algo que não seria possível sem algum sistema que calculasse a produção.

Seguindo essa linha de pensamento, economistas e filósofos do século XX como Mises, Hayek e Nozick abordaram o direito do ponto de vista liberal, mantendo a defesa do estado mínimo como essencial para a manutenção dos direitos individuais e, portanto, condenando toda forma de intervencionismo estatal como sendo nociva aos direitos individuais.

A defesa enfática do capitalismo como sistema econômico decorre, nesses autores, tanto de argumentos morais quanto de consequência. Como afirma Mises (2009, p. 12), o capitalismo é um sistema econômico que serve às massas e, portanto, os ataques de igualitaristas aos direitos individuais e, essencialmente, à propriedade privada e ao lucro, é prejudicial justamente os mais pobres:

> Este é o princípio fundamental do capitalismo tal como existe hoje em todos os países onde há um sistema de produção em massa extremamente desenvolvido: as empresas de grande porte, alvo dos mais fanáticos ataques desfechados pelos pretensos esquerdistas, produzem quase exclusivamente para suprir a carência das massas.

As empresas dedicadas à fabricação de artigos de luxo, para uso apenas dos abastados, jamais têm condições de alcançar a magnitude das grandes empresas. E, hoje, os empregados das grandes fábricas são, eles próprios, os maiores consumidores dos produtos que nelas se fabricam. Esta é a diferença básica entre os princípios capitalistas de produção e os princípios feudalistas de épocas anteriores.

A defesa do capitalismo também se desenvolve com argumentos de conteúdo moral em defesa dos direitos individuais. Robert Nozick, seguindo esse caminho, defende um princípio de justiça da distribuição que depende de três regras fundamentais.

Quem adquire uma propriedade de acordo com o princípio da justiça da aquisição, tem direito a esta propriedade. Quem adquire uma propriedade de acordo com o princípio de justiça da transferência de alguém que adquiriu a propriedade de forma justa, tem direito à propriedade. Ninguém tem direito a uma propriedade senão pela aplicação repetida dos dois princípios anteriores (NOZICK, 1991, p. 172).

Inspirado em Locke e nos jusnaturalistas modernos, Nozick formula seu conceito de justiça na distribuição tomando por base a ocupação (na aquisição originária) e a legitimidade da transferência. Havendo justiça na aquisição e nas transferências, qualquer *status quo* a respeito da distribuição de bens deve ser considerado justo. Ele chama de "princípios históricos" em contraposição às teorias da justiça baseadas em princípios de "resultado final" (NOZICK, 1991, p. 172).

Sendo assim, uma teoria baseada em resultados finais ou em padrões, tende a substituir a noção clássica de autopropriedade pela noção de propriedade parcial de umas pessoas por outras.

Nozick reinterpreta a teoria da aquisição de Locke. Ao defender a aquisição como decorrente da "mistura" entre trabalho e a coisa ocupada, Locke cria uma ressalva, que também está presente em Pufendorf. Deve restar daquilo que foi adquirido "tanto e tão bom em comum para todos". Nozick defende uma interpretação fraca dessa condição, significando simplesmente que cada nova aquisição não pode piorar a condição dos demais.[14]

---

[14] Locke também defendeu uma limitação dessa cláusula de restrição: "Mas uma vez que o ouro e a prata, sendo de pouca utilidade para a vida do homem em relação ao alimento, ao vestuário e aos meios de transporte, retira seu valor apenas da

Assim, se, por exemplo, um cientista inventa um novo medicamento e se recusa a vendê-lo, não necessariamente piora a situação dos demais e, portanto, não viola o princípio de aquisição (NOZICK, 1991, p. 200).

Por isso, qualquer forma de redistribuição que viole os direitos de propriedade significa uma violação aos direitos individuais e seria, portanto, necessariamente injusta. Assim, a teoria de Nozick condena todo estado maior que o estado mínimo como violador do direito à propriedade.

> O que cada pessoa ganha, recebe de outros, que o dão em troca de alguma coisa ou como presente. Na sociedade livre, pessoas diferentes podem controlar recursos diferentes e novos títulos de propriedade surgem das trocas e ações voluntárias de pessoas (NOZICK, 1991, p. 171).

Quando se fala em "distribuição de renda", portanto, tais autores ignoram completamente a seguinte observação de Thomas Sowell (2011, p. 177), segundo a qual, em resumo, a renda só pode advir da produção. Nesse sentido:

> A própria frase "distribuição de renda" é tendenciosa, pois ela começa a contar a história do processo econômico quando ele já se encontra em pleno funcionamento, contabilizando somente o montante da renda ou riqueza que já existe. (...) No mundo real, todavia, a situação é bem diferente. Numa economia de mercado, a maior parte das pessoas recebe renda a partir do que produz, fornecendo a outras pessoas bens ou serviços de que necessitam ou desejam, mesmo que esse serviço seja só trabalho. Cada beneficiário desses bens e serviços paga segundo um valor determinado em relação ao que é recebido, escolhendo entre fornecedores alternativos, a fim de encontrar a melhor combinação custo-benefício.

Nesse sentido, Hayek (2010, p. 25) vê o intervencionismo estatal (que leva à defesa dos chamados "direitos sociais") como sendo um

---

concordância dos homens, de que o trabalho ainda proporciona em grande parte a medida, é evidente que o consentimento dos homens concordou com uma posse desproporcional e desigual da terra; através de um consentimento tácito e voluntário, eles descobriram e concordaram em uma maneira pela qual um homem pode honestamente possuir mais terra do que ele próprio pode utilizar seu produto, recebendo ouro e prata em troca do excesso, que podem ser guardados sem causar dano a ninguém; estes metais não se deterioram nem perecem nas mãos de seu proprietário" (LOCKE, 2007, p. 48).

ataque aos direitos individuais, que não se justificaria nem do ponto de vista moral nem do ponto de vista econômico. Por isso, alerta para a confusão semântica e caracteriza o socialismo como uma forma de coletivismo:

> Os problemas causados pela ambiguidade na linguagem política comum não desaparecerão, mesmo que passemos a aplicar o termo "coletivismo" para indicar todos os tipos de "economia planificada", seja qual for a finalidade do planejamento. O significado do termo tornar-se-á mais preciso se deixarmos claro que por ele entendemos a espécie de planejamento necessário à realização de qualquer ideal distributivo. Mas como a ideia de planejamento econômico central seduz em grande parte pela própria indefinição de seu significado, é indispensável estabelecer-lhe o sentido preciso antes de discutirmos suas consequências.

Hayek (2010, p. 25) prefere, portanto, a sinceridade de quem argumenta claramente que o problema do sistema capitalista está em sua ética, que é baseada na proteção dos direitos individuais. O coletivismo, portanto, ao ser defendido, deve necessariamente ser acompanhado de um ataque aos direitos individuais. Sendo assim, afirma Hayek:

> Nesse particular, são muito mais coerentes os numerosos reformadores que, desde o início do movimento socialista, atacaram a ideia "metafísica" dos direitos individuais, insistindo em que num mundo racionalmente organizado o indivíduo não terá direitos, mas apenas deveres. Esta se tornou, na verdade, a atitude mais comum dos chamados progressistas; e nunca alguém se expõe tanto ao risco de ser tachado de reacionário como quando protesta contra uma medida alegando que ela constitui violação dos direitos individuais·

No Brasil, fica claro que os autores de Direito Constitucional, por exemplo, têm clara simpatia pela ideia de um estado interventor e prestador de serviços públicos, reconhecendo ser essa a única forma de realizar o princípio da dignidade humana.

Tais autores defendem abertamente uma postura intervencionista estatal com base na linguagem dos direitos sociais, desprezando solenemente qualquer abordagem liberal dos direitos, como deixa claro Ingo Sarlet (2008, p. 455):

> No embate entre o paradigma do Estado Social intervencionista e altamente regulador e a nefasta tentativa de implantar um Estado minimalista à feição dos projetos globalizantes do modelo econômico e da ideologia neoliberal, o correto manejo da proibição

do retrocesso na esfera dos direitos fundamentais sociais poderá constituir uma importante ferramenta jurídica para a afirmação do Estado necessário, do qual nos fala Juarez Freitas.

O problema está no fato de que, ao longo dos anos, o que significou a proteção do cidadão contra os abusos do estado, transformou-se na principal justificativa para o alargamento do poder estatal. As cartas de direitos e a constitucionalização moderna provocaram a transformação dos direitos naturais individuais em direito positivo escrito. Porém, com a vitória da ideologia coletivista, o direito constitucional foi incorporando limitações cada vez mais drásticas à liberdade e à propriedade, transformando completamente o Estado de Direito em Estado Social.

Tal crescente poder governamental foi justificado, portanto, não só com as constituições sociais como a de Weimar (1919), mas também pela incorporação, na constituição americana, de uma visão intervencionista por meio da reinterpretação de seu texto pelo Judiciário.

> É certo que a mais ambiciosa tentativa de impor limites ao estado foi a Carta dos Direitos e outras partes restritivas da Constituição Americana, na qual foram escritos limites explícitos ao governo os quais deveriam servir como lei fundamental a ser interpretada por um sistema judicial supostamente independente dos outros ramos do governo. Todos os americanos estão cientes do processo ao longo do qual esta construção de limites presentes na Constituição foi sendo alargada de modo inexorável durante o século passado. Mas poucos foram tão perspicazes como o Professor Charles Black em notar que, neste processo, o estado transformou a própria revisão judicial, a qual, de um mecanismo limitador, passou a ser cada vez mais um instrumento que provê legitimidade ideológica às ações do governo. Pois se um decreto judicial de "inconstitucionalidade" é um poderoso entrave ao poder do governo, um veredicto implícito ou explícito de "constitucionalidade" é uma arma poderosa para promover a aceitação pública de um crescente poder governamental (ROTHBARD, 2012, p. 26).

O discurso pragmático, cético e falibilista, possibilitou a consolidação das inovações legislativas que vieram configurar o direito do trabalho e as demais legislações sociais intervencionistas, modificando, ao longo do tempo, a própria interpretação da décima quarta emenda e de toda a constituição americana. A chamada "era progressista", que veio após o caso Lockner, significou um ataque aos direitos individuais e à propriedade privada, permitindo que a legislação antiliberal substituísse os processos competitivos pelos cartéis estatais (EPSTEIN, 2006, p. 52).

O pragmatismo, porém, não pode ser responsabilizado pela ideologia intervencionista, pois tende a ser, na verdade, muito mais próximo do liberalismo, ao menos do ponto de vista metodológico e, principalmente, de defesa intransigente dos direitos e liberdades individuais.

A teoria pragmática da democracia de Richard Posner (2010, p. 157), nesse sentido, pretende descrever princípios necessários para proteger os indivíduos contra ações governamentais iliberais e ineficientes. Isso ocorre quando fica evidente que políticas de redistribuição exageradas e mal planejadas põem em risco o equilíbrio fiscal do país, podendo prejudicar justamente aqueles a quem querem proteger. Mesmo a ideia de redistribuição não pode deixar de lado o fato de que para redistribuir algo, é preciso antes produzir. E, nesse sentido, uma taxação exagerada, por exemplo, pode vir a desestimular a produção.

A experiência política de sociedades mais liberais (ainda que sejam sociedades com alguma intervenção econômica estatal) mostra que o liberalismo não só diminui a pobreza como torna possível a existência de uma sociedade mais aberta e plural.

Mesmo aqueles que defendem algum grau de intervenção jamais deixam de levar em conta que o liberalismo político e econômico é o único capaz de proporcionar uma sociedade com bem estar, mas, além disso, o liberalismo garante a liberdade política.

Por tudo isso, segundo Posner (2009, p. 26), o pragmatismo pode justificar o liberalismo:

> O liberalismo fomenta as trocas de informação de que depende o progresso científico e tecnológico; arregimenta, sem coerção, o apoio dos cidadãos; maximiza a produção eficiente; estimula e recompensa a competência; previne a excessiva centralização das decisões; enfraquece as rivalidades entre famílias ou clãs e reduz os conflitos ideológicos. A justificação do liberalismo é pragmática.

Há, portanto, além das questões morais e econômicas de eficiência e distribuição, também a questão sobre a centralização do poder, a democracia e os direitos individuais. Na verdade, o ponto

ESTUDOS SOBRE PRAGMATISMO JURÍDICO

fundamental é que a concessão de mais poderes ao estado, mesmo com o propósito supostamente nobre de promover redistribuição de riqueza ou proteção social à população mais pobre implica necessariamente tolher direitos individuais, seja pela cobrança de mais impostos, seja pela necessidade de restringir a liberdade individual num controle de preços ou de produção artística e cultural.

É nesse sentido que as políticas típicas do intervencionismo já serviram para justificar regimes coletivistas que, como a história bem demonstrou, não se coadunam com a democracia:

> As políticas econômicas da Itália de Mussolini e da Alemanha de Hitler assemelhavam-se ao 'socialismo estatal' que Lenin quis instituir na Rússia soviética ao chegar ao poder, sob o qual a empresa privada trabalharia para o governo – uma ideia que Lenin foi forçado a abandonar sob a pressão dos 'comunistas de esquerda'. Esse sistema foi introduzido com sucesso na Itália e na Alemanha porque os negócios incorporados provaram por si nesses países e também em outros lugares (inclusive os Estados Unidos), ser flexíveis, submetendo-se a qualquer tipo de controle e de regulamentação enquanto pudesses recuperar seus lucros (PIPES, 2010, p. 260).

Apesar de existência de diversas formas de intervenção estatal nas democracias ocidentais, pode-se dizer que a história recente prova que as alternativas coletivistas ao liberalismo, sejam fascistas ou socialistas, além de serem inviáveis economicamente, são também aberrações políticas. Por isso, é direito de uma comunidade escolher se afastar de soluções coletivistas e abraçar a defesa enfática dos direitos humanos individuais (POSNER, 2009, p. 29).

3.5 Conclusão: aproximação entre pragmatismo e liberalismo (fundamentos para um discurso em defesa da universalidade dos direitos humanos)

Como já vimos em artigos anteriores, a tradição do pragmatismo americano, notadamente após o advento das teorias pragmáticas da linguagem, invoca um antiessencialismo hermenêutico, pois se preocupa com a visão de que a filosofia não tem o papel de fundar as bases da ciência, ou de impor limites a esta.

O pragmatismo, porém, não pode ser comparado com uma forma de relativismo e, nesse sentido, não se identifica necessariamente com o multiculturalismo e de fato se aproxima do liberalismo.

Isso quer dizer que, apesar de não tratar os direitos humanos como parâmetros definitivos e indiscutíveis de um ponto de vista metafísico, ao mesmo tempo rejeita que culturas distintas tenham necessariamente o mesmo status moral. Como já vimos no artigo anterior, a incomensurabilidade dos discursos não deveria trancar a conversação histórica.

O problema da visão multiculturalista é que as culturas são tomadas em pé de igualdade na hermenêutica diatópica. Sendo assim, diante de culturas que desconsideram o valor dos direitos individuais, o discurso dos direitos humanos deve ser visto simplesmente como o outro lado da moeda, mesmo que esteja debatendo contra violações à integridade física, por exemplo. Desta forma, não há como reconhecer quando o multiculturalismo está a serviço de uma política conservadora ou progressista.

Na verdade, a proposta de Boaventura, por exemplo, é somente uma forma de anticapitalismo. O próprio Boaventura de Sousa Santos identifica nos direitos humanos uma imposição das nações ocidentais e afirma que "as políticas de direitos humanos estiveram em geral a serviço dos interesses econômicos e geopolíticos dos Estados capitalistas hegemônicos".

Boaventura afirma que uma das condições para a hermenêutica diatópica é que, diante de duas interpretações possíveis sobre a dignidade humana, escolhe-se aquela que alargaria o círculo de reciprocidade entre as culturas. Assim, o indiano deve preferir o "*dharma* comum" em detrimento do "*dharma* especial", permitindo a proteção aos intocáveis mesmo sob o paradigma indiano (POSNER, 2009, p. 29).

E quando isso não for possível? Nesse sentido, o que fazer quando os interesses são inconciliáveis? E quando o discurso contrário aos direitos humanos argumenta não haver possibilidade de "alargar o círculo de reciprocidade"? Diante da incomensurabilidade, o que a hermenêutica diatópica propõe?

Na verdade, nem mesmo haveria legitimidade da hermenêutica diatópica quando as culturas não se considerarem prontas para o diálogo. Enquanto isso, teóricos devem simplesmente negligenciar violações de direitos humanos? Sendo assim, culturas indígenas que praticam infanticídio devem ser encaradas como o simples "outro lado" de uma cultura "europeia" dos direitos humanos?

É isso que a hermenêutica diatópica não responde, chegando a tolerar práticas e valores que desprezam direitos individuais em nome do multiculturalismo. Mesmo que essa tolerância se manifeste numa forma de respeito às culturas que ainda não estão no "tempo do diálogo intercultural" (SOUSA SANTOS, 2003, p. 445 e ss).

Na verdade, o problema do multiculturalismo é intrínseco. A premissa de que ele parte está centrada na ideia de diferença entre culturas. Essa diferença não poderia ser julgada, já que seria impossível a alguém julgar a cultura alheia com base na sua própria cultura.

Para evitar o relativismo cultural, deve-se reconhecer que os valores e práticas baseados na idéia clássica de tolerância e valorização do indivíduo são sim um produto cultural do ocidente. Essa constatação histórica não significa que devamos abrir mão de defender os direitos humanos como valores moralmente superiores. E a base desses valores é, justamente, a tolerância para com as diferenças e um moralismo individualista. Todos os valores coletivos precisam respeitar o mínimo de proteção individual que, do ponto de vista liberal, seria a propriedade do próprio corpo (NOZICK, 2009).

Isso implica, no âmbito local, um Estado que deixe as diferenças de lado e trate todos como iguais e, no âmbito internacional, que o discurso sobre os direitos humanos se fundamente num universalismo político, funcionando como pautas emancipatórias e de proteção básica contra a opressão coletiva[15]

---

[15] Mesmo o igualitarismo deve se basear em diferenças individuais para não violar princípios de isonomia. Eventuais compensações sociais servem ao princípio da igualdade (tratar desigualmente os desiguais), mas devem ser efetivadas por meio da identificação de indivíduos e não de coletividades, sob pena de violação à igualdade formal e ao tratamento isonômico. O caso das cotas raciais aponta para a importância do debate entre multiculturalismo e pragmatismo. Numa visão pragmática, não posso penalizar o pobre que tem a pele branca simplesmente porque ele faria parte de um grupo que escravizou os negros. Ora, indivíduos não podem ser responsabilizados por demandas de uma coletividade abstrata. O branco

O pragmatismo e o liberalismo, nesse sentido, pretendem construir uma abordagem da realidade social sem um dos maiores problemas teóricos das teorias do reconhecimento e do multiculturalismo. Trata-se de se livrar da ênfase na diferença e no conceito de luta, evitando-se cair numa espécie de relativismo cultural.

A suspensão da conversa na hermenêutica diatópica quando não há o "tempo do diálogo intercultural" leva ao relativismo cultural. Enquanto não se chega ao tempo, a conversação intergrupal fica sem legitimação, passando por imposição da cultura ocidental. Isto levaria o pleito pelo reconhecimento a um estado de luta, imposição, intolerância e, finalmente, de violência.

O perigo do multiculturalismo é evidente quando se percebe que a falta de identificação entre grupos culturais pode levar, muitas vezes, a resoluções violentas de seus conflitos de interesses e elas estariam legitimadas pela hermenêutica diatópica, pelo menos enquanto não se conseguiu alargar o círculo de reciprocidade.

Uma perspectiva como essa no âmbito do debate sobre os direitos humanos efetivamente justificaria determinados atos vistos como cruéis e atentatórios a uma moral democrática. Na verdade, o multiculturalismo é contra o próprio discurso em defesa dos chamados direitos humanos, valores liberais democráticos que formam a base de sustentação da sociedade ocidental, claramente inseridos no contexto liberal e de defesa da tolerância e da democracia.

Afirmar que o discurso pela defesa dos direitos humanos é viável, significa afirmar que é possível a comunicação entre povos que utilizam linguagens diferentes, inserindo-os no debate acerca de como as necessidades dos homens e mulheres podem ser cada vez mais bem adimplidas.

Ver, portanto, o discurso pela universalização dos direito humanos como uma tentativa de persuasão, sempre contextualizada, não a defesa de uma moralidade universal, significa reconhecer os direitos humanos como pauta que alarga a possibilidade de conversação entre culturas.

---

pobre, ademais, pode até ser descendente de um escravo, o que mostra a irracionalidade desse tipo de proposta baseada numa "reparação histórica".

O pragmatista, portanto, pode defender os direitos humanos e, neste ponto, está ao lado do liberal. Pode, pois, ser contra determinadas descrições, mesmo que feitas em contextos diversos do que ele vive. Pode ser contra a violação do que considera serem direitos humanos.

Segundo Richard Rorty (1999, P. 176), é possível justificar por que a postura pragmatista pode servir à discussão sobre os direitos humanos numa sociedade democrática complexa. Nesse sentido, uma visão pragmatista deixará de lado questões metafísicas sobre a existência ou não de direitos universais, para que a energia dos homens esteja concentrada em educar e incluir, ou seja, educar para aumentar a identificação entre os seres que podem ser chamados de humanos, renovando a crença na dignidade humana e na proteção contra as arbitrariedades.

Não se pode negar que todo o debate de homens e mulheres sobre direitos humanos gira em torno de quais descrições são melhores ou piores. Mas esse debate sempre se dá com base no pressuposto de que as descrições devem suprir as necessidades dos seus semelhantes, daqueles com quem se identificam.

Nesse sentido, a constatação de que um alto grau de incomensurabilidade permeia a comunicação sobre direitos humanos demonstra a necessidade de se perquirir a respeito de como os humanos devem lidar com esta dificuldade de comunicação e, portanto, de identificação.

Aqui encontramos a diferença entre o multiculturalismo e a fundamentação dos direitos humanos num viés pragmatista. A diferença é que quando se defende os direitos humanos, defende-se um determinado tipo de descrição que, apesar de necessitar de fundamentos para ser aceita, pode ser encaradas como pautas para **educação cultural**.

Trata-se de persuadir uma determinada comunidade de seres, que acham natural agirem de certa maneira (imoral do ponto de vista dos direitos humanos), a agirem respeitando e incluindo seus semelhantes. Isso a hermenêutica diatópica não aceita, pois trata qualquer cultura inicialmente como legítima, propondo não educação, mas troca cultural.

Os direitos humanos podem, assim, ser considerados como pautas para educação humana. O tipo de educação que leva pessoas de diferentes tipos a estarem suficientemente identificadas entre si, de forma tal que possam vê-las como semelhantes.

Essa visão está na base da construção da dignidade humana pelo pensamento ocidental. A proposta do pragmatismo é, portanto, encarar os direitos humanos como descrições a serem analisadas em uma comunidade cada vez mais plural e mais tolerante, de forma a que se lide com a incomensurabilidade com menos força bruta, mas nunca abrindo mão da educação com base nas pautas que defende.

Isso implica a necessidade de agir como inserido numa cultura e valorando os direitos humanos como pautas moralmente superiores, que devem servir para a inclusão daqueles indivíduos que ainda estão desprotegidos e vulneráveis dentro de seus grupos ou culturas.

Tanto o pragmatismo quanto o liberalismo, portanto, evitam descrever conteúdos morais incondicionais. Todavia, não podem deixar de lado a visão de que, quanto mais os humanos deixam de se identificar com seus semelhantes apenas porque não conseguem se comunicar imediatamente, mais o mundo estará propenso a resolver seus conflitos de interesses pelo uso da força.

A hermenêutica diatópica abre mão da educação, pois não quer parecer impositiva. Já um pragmatismo liberal investe na visão dos direitos humanos como pautas para educação da humanidade, permitindo a manutenção do discurso político universalista.

Uma postura pragmatista é, nesse sentido, também uma postura liberal, já que o progresso no discurso em defesa dos direitos humanos seria nada mais que a possibilidade de os seres humanos se autodescreverem, sem empecilhos que propiciem o fim da conversação, nunca abrindo mão da possibilidade da conversa e da necessidade de reconhecer os valores que possibilitam que essa mesma conversação continue indefinitivamente.

4

ABORDAGEM PRAGMÁTICA DO ENSINO DO DIREITO CIVIL

4.1 Introdução: a necessidade de revisão dos métodos de ensino do direito

O propósito do presente trabalho é o de apresentar a filosofia pragmatista como uma abordagem para o direito, especificamente quanto à forma de ensino do direito civil. A proposta é a de analisar a visão do ensino jurídico numa perspectiva pragmática, como forma de propor uma maior atenção do educador aos contextos jurídicos pragmáticos.

Como problema geral, portando, o trabalho envolve a distância entre a forma pela qual o direito civil é ensinado em sala de aula e nos livros e o trabalho do cotidiano do profissional do direito, que precisa lidar com situações bem mais complexas do que a análise dos conceitos do direito civil parece demonstrar.

Duas expressões devem, de logo, ser explicitadas. Quando se fala em "profissional do direito" e em "contextos jurídicos", quer-se fazer referência ao utilizador da linguagem jurídica e aos contextos de sua aplicação em sentido amplo. Ou seja, todo aquele que recorre aos conceitos tradicionalmente jurídicos nos ambientes linguísticos como os processos decisórios judiciais, da administração estatal, no ambiente privado, e até mesmo o ambiente político.

Isto não quer excluir a especificidade do tratamento jurídico, que desemboca no processo judicial como centro de análise da teoria do direito em contraposição à teoria política. Sabe-se que não se pode desprezar a idéia de que os temas da interpretação jurídica e a própria noção de dogmática jurídica são o centro das preocupações da teoria do direito (HABERMAS, 1997, p. 244).

Assim, esta visão ampla do fenômeno jurídico não nega as limitações dogmáticas que ele o direito apresenta, como a inegabilidade dos pontos de partida. Tais limitações são, justamente, os textos dogmáticos produzidos pelas fontes normativas. Esses textos não podem ser explicitamente negados numa argumentação que se considere dogmática (ADEODATO, 2002).

Apesar disto, a amplitude de abordagem reflete a postura pragmática que se quer defender, vendo o direito como um complexo de preocupações e ambientes linguísticos que não envolvem somente a aplicação do direito nos tribunais, mas também a criação de leis, as decisões administrativas e os acordos privados.

Dada a pequena extensão do presente, em forma de artigo, o que se quer não é exaurir o tema, pelo que se propõe expô-lo num aspecto específico de crítica. Esta crítica se refere à visão essencialista sobre a interpretação do direito como legislação, que impossibilita um ensino jurídico mais ligado às controvérsias e divergências interpretativas que ocorrem no cotidiano do ambiente do direito.

A denúncia se refere ao fato de que uma visão essencialista sobre o direito ignora o fato de que as divergências interpretativas não se dão por erro, mas sim pela característica complexa que o direito apresenta, por lidar com temas cuja incomensurabilidade não admite respostas únicas.

Ademais, quando um relativo consenso dos participantes da linguagem do direito impõe uma determinada interpretação, ela não é fruto de um desdobramento lógico-sistemático e, portanto, não deveria ser ensinada como dogma inquestionável, mas sim como fruto de um debate histórico (BOBBIO, 1995, p. 211).

Neste sentido, o presente artigo pretende apresentar a filosofia pragmatista como uma forma de visualizar o fenômeno jurídico e, especificamente, o processo de ensino, como um ambiente que deve preparar o estudante para os complexos ambientes linguísticos que o direito envolve.

Volta-se, assim, o ensino jurídico, não à transmissão de um conteúdo pensado prévia e abstratamente, mas na inserção da linguagem jurídica em práticas efetivas de decisão e interpretação do direito.

4.2 Processos de decisão jurídica como ambientes linguísticos: uma abordagem pragmática do direito

Ao aplicar o pragmatismo ao direito, quer-se destacar dois pontos básicos na argumentação proposta neste trabalho. A análise não representacionista da norma jurídica e complexidade linguística do ambiente jurídico.

Estas visões já estavam de certa forma presentes em teorias jurídicas do início do século XX, notadamente aquelas ligadas à chamada "Jurisprudência dos Interesses". Desde a virada pragmática de Ihering, passou-se a considerar relevante para a ciência jurídica mais do que a determinação de conceitos fixos característica da "Jurisprudência dos Conceitos". Caberia a uma ciência jurídica analisar a finalidade do direito.

Esse caráter finalista se refere às consequências práticas que a aplicação do direito poderia desencadear. O programa de uma ciência pragmática do direito, portanto, de certa forma já estava presente em Ihering, na medida da defesa de uma jurisprudência que tem mais a ver com o valor para a vida dos esforços jurídicos (LARENZ, 2005, p. 59).

A "Jurisprudência dos Interesses", seguindo este caminho, passa a dar atenção ao problema jurídico concreto, na medida em que ele sempre envolve interesses, que são, na verdade, a causa última da existência do direito e das leis.

Nesta abordagem, todavia, a atenção ao aspecto pragmático dos interesses envolvidos não elimina a necessidade de uma justificação externa das decisões, baseada numa estruturação lógico-material do raciocínio jurídico. Além disso, o contexto teórico em que tal escola se desenvolveu estava ligado a uma necessidade cientificista de delimitação metodológica.

Assim, o que se chamou de "princípios ordenadores" do direito continuavam a ter papel relevante na ciência do direito:

> Tal como os elementos de que é formado – os "conceitos preceptivos ou ordenadores" –, só devem servir para "a formulação e a ordenação externa" do material jurídico. Em contraposição a estes conceitos, estariam os "conceitos de interesse", que servem para a apreensão conceptual dos interesses reconhecidos como prevalecentes (LARENZ, 2005, p. 73).

Quer-se, com esta ressalva, destacar que a proposta pragmatista aqui apresentada está mais ligada a uma concepção "hermenêutica" do conhecimento jurídico. O termo "hermenêutica" está sendo usado no sentido oposto ao de "analítica", considerando-se que a "Jurisprudência dos Interesses", apesar se ser uma abordagem pragmática, atêm-se a uma proposta cientificista analítica, na medida em que propõe a possibilidade de a ciência do direito investigar cada um dos interesses envolvidos nas questões jurídicas.

Nesta linha de raciocínio, à ciência do direito sempre seria possível encontrar acordo sobre pontos controvertidos com base em premissas sólidas e bem determinadas. Esta era a pretensão das teorias filosóficas "analíticas", e que "pensam a filosofia como disciplina metacientífica, uma espécie de "tribunal da verdade" no qual as descrições controversas podem ser analisadas, e que demonstrará qual delas é verdadeira" (CATÃO, 2007, p. 120).

A tradição do pragmatismo americano, notadamente após o advento das teorias pragmáticas da linguagem, invoca um antiessencialismo hermenêutico, pois se preocupa com a ideia de que a filosofia não tem o papel de fundar as bases da ciência, ou de impor limites a esta. Trata-se de deixar de lado a procura pela natureza do direito em favor da questão: "como os juristas devem argumentar e decidir casos em um ambiente contextual"? (RORTY, 1999, p. 104).

É essa atitude holista com a linguagem que pode ser extraída nas lições pragmatistas sobre o representacionismo e o essencialismo, podendo-se afirmar, com Rorty (1999, p. 21), que teria ocorrido algo como uma "pragmatização da filosofia". Trata-se de apresentar uma nova visão de mundo, na qual a contingência dos fenômenos sociais torna sem sentido uma categorização nos moldes da causalidade newtoniana.

Daí a apresentação do pragmatismo de Richard Rorty como hermenêutica, segundo a qual:

Não seremos capazes de isolar os elementos básicos, excepto na base de um conhecimento prévio da totalidade da estrutura em que estes elementos ocorrem. Por conseguinte, não seremos capazes de substituir a noção de "representação exacta" (elemento-por-elemento) pela de representação bem sucedida de uma prática. A nossa escolha dos elementos será ditada pela nossa compreensão da prática, em vez de a prática ser "legitimada" por uma "reconstrução racional" a partir dos elementos. Essa linha holista de argumentação diz que nunca seremos capazes de evitar o círculo hermenêutico.

No caso do direito, o pragmatismo visualiza a norma jurídica como um texto passível de interpretação e, portanto, com um sentido contextual. Por isso que "a nossa escolha dos elementos será ditada pela nossa compreensão da prática" e não o inverso. Define-se o direito pelas necessidades humanas. Esta visão decorre da idéia de que a norma é texto e, como tal, não é passível de determinação apriorística.

Linguagem é, portanto, uma forma de ação humana. A linguagem se dá em contextos com características próprias que refletem a função que ela deve ter, somente podendo ser compreendida a partir deste contexto (OLIVEIRA, 1996, p. 138). Assim é que a forma de vida do ser humano se configura em linguagem que, em sendo instrumento de ação, desdobra-se em infinitas possibilidades, que são os "jogos de linguagem".

Em vez de definir um conceito de jogo de linguagem, Wittgenstein exemplifica-os como sendo contextos de formas de vida nos quais o homem atua, age. "A expressão jogo de linguagem deve aqui realçar o fato de que falar uma língua é uma parte de uma actividade ou de uma forma de vida" (WITTGENSTEIN, 2002, p. 19 e 23).

São muitos os jogos de linguagem e entre estes não há qualquer elemento essencialmente comum. Ao invés de tentar encontrar uma essência da linguagem, "eu afirmo que todos estes fenômenos [jogos de linguagem] nada têm em comum, em virtude do qual nós utilizemos a mesma palavra para todos – mas antes que eles são aparentados entre si de muitas maneiras diferentes" (WITTGENSTEIN, 2002, p. 65.

Jogo de linguagem é o ambiente linguístico contextual em que os seres humanos utilizam a linguagem para alcançar seus mais variados interesses. A noção wittgensteiniana serve como modelo teórico para as ideias anti-representacionistas aqui desenvolvidas.

No caso do direito, cada processo decisório é um jogo de linguagem. As regras deste jogo são, portanto, contextuais. Da mesma forma, tais regras não se limitam aos textos jurídicos dogmáticos. Estes devem sempre estar presentes num direito moderno, mas não são os únicos fatores linguísticos envolvidos na decisão. Fatores políticos, morais, científicos e religiosos são, quase sempre determinantes no contexto decisório. Esta "determinação", todavia, não pode ser previamente dada, já que os fatores linguísticos são contingentes.

Assim, de um lado, a norma jurídica, consubstanciada no texto normativo, não tem um sentido único, imanente ao texto. Por outro lado, a interpretação das normas jurídicas se dá num ambiente contextual, complexo.

Esta visão do direito como ambiente complexo não tem o condão de propor um novo método de apreensão dos conteúdos jurídicos, mas, ao contrário, de se deixar de lado as tentativas cientificistas ou analíticas e propor uma abordagem pragmatista do direito.

Esta abordagem não pode se basear em métodos de correção ou de univocidade, pois se preocupa com o fenômeno jurídico em sua complexidade, chamando a atenção para o fato de que as decisões jurídicas não são pré-definidas.

É por esta razão que o ensino do direito civil não pode estar limitado a conteúdos previamente dados e à confrontação destes conteúdos com a norma jurídica. Além do mais, o ambiente de decisão do direito civil não se resume ao contexto judicial. Envolve também as decisões em sede de autonomia da vontade que, diante da visão essencialista do ensino jurídico, passam a ser levadas em consideração apenas como uma questão de aplicação das normas pelos tribunais.

Finalmente, o ensino por meio de conteúdos normativos prévios mascara a complexidade. Uma abordagem pragmatista precisa estar mais ligada à prática do direito civil e às possíveis consequências práticas que as decisões jurídicas podem desencadear.

4.3 O ensino do direito civil: dois exemplos de ensino de conceitos (uma perspectiva pragmática)

O que se pretende aqui é fazer a crítica a algumas formas de abordagem específicas do direito civil. Como dito acima, a complexidade do ambiente jurídico defendida por este trabalho determina que a forma de ensino insira o estudante num exemplo desta complexidade. Esta é, neste sentido, a proposta deste artigo.

Assim, ao invés de retirá-lo do ambiente de decisão pela elaboração de um sistema conceitual, o estudante é colocado desde já em contato com o processo decisório, seja no âmbito jurisdicional, seja na elaboração de contratos ou outros instrumentos de aplicação extrajudicial do direito civil, tudo isso, desde já, como parte das atividades de sala de aula.

Por isso, a aula de direito civil (como qualquer aula de dogmática jurídica) deve ser uma aula-prática. Veja-se, por exemplo, o ensino de um trecho particularmente confuso da parte geral do Código Civil, que se refere à classificação dos bens.

No ensino da diferença entre bens móveis e bens imóveis, por exemplo, normalmente o manual trata de definir cada uma das espécies, sem relacioná-las com o uso que se faz destes conceitos na prática da dogmática do direito civil. Então, o professor simplesmente repete o código e o manual: "Bens imóveis são aqueles que podem ser transportados de um lugar para outro sem alteração de sua substância" (GAGLIANO; PAMPLONA FILHO, 2004, p. 266).[16]

O ensino de distinções deste tipo é particularmente importante na análise de uma abordagem pragmática, já que a regra clássica de James sobre as distinções pode ser aplicada: não há nenhuma

---

[16] Interessante a nota de rodapé deste mesmo livro quando aponta a discussão sobre a classificação dos bens imóveis por acessão intelectual: "Há polêmica sobre a permanência, no direito positivo, da utilidade desta categoria. Durante a Jornada de Direito Civil, realizada pelo Superior Tribunal de Justiça, em Brasília, no período de 11 a 13 de setembro de 2002, foi defendido tal entendimento perante a Comissão da Parte Geral, tendo sido aprovado o seguinte enunciado: 'Não persiste no novo sistema legislativo a categoria dos bens imóveis por acessão intelectual, não obstante a expressão 'tudo quanto se lhe incorporar natural ou artificialmente' constante na parte final do art. 79 do código civil de 2002'".

diferença quando ela não se reflita numa diferença na prática.[17]

Então não faz sentido a distinção entre bens móveis e imóveis a não ser na forma com que tal diferença reflete na prática jurídica. Para lidar com termos wittgensteinianos, pode-se dizer que o que importa para a distinção é a forma com que tais termos são "usados" no jogo de linguagem.

Ora, como pode o aluno "aprender" a distinção entre bens móveis e imóveis sem saber usar tais termos num contexto jurídico. Não basta ao aluno saber apontar para o objeto e identificar: "trata-se de um imóvel"! Além do mais, o ser "móvel" ou "imóvel" de um bem não passa de uma adjetivação jurídica, portanto, normativa, não sendo capaz de identificação por análise empírica simplesmente.[18]

É por isso que o que importa sobre a "imobilidade" do bem não é sua característica física, mas sim a medida dos efeitos jurídicos que caracterização provoque e que está de uma determinada forma prevista juridicamente. Às vezes, por exemplo, a adjetivação de bem móvel ou imóvel se refere aos requisitos de transmissão do bem, outras vezes se refere a formalidades da penhora, e em outra situação pode-se estar falando da configuração do crime do furto, ou da incidência do imposto sobre serviços. Cada uso define a distinção, e, diante da multiplicidade de usos, a distinção não é meramente conceitual.

O professor então se perde em discussões sobre se a aeronave e o navio são móveis ou imóveis, na medida em que se caracterizam como móveis pela conceituação legal, mas são passíveis de hipoteca como os imóveis. Tal discussão é tão absurda quanto inócua, e só cria no estudante a impressão de que o direito é um conjunto de enigmas conceituais, a ser desvendado por uma técnica determinada.

Mas uma preocupação como esta só surge pelo fato de que os conceitos jurídicos são estudados como se tivessem uma significação própria, independentemente de quais os resultados práticos do seu uso nos ambientes jurídicos. Ora, o que interessa ao profissional jurídico não é o aprendizado de um conceito abstrato, seja de móvel ou de imóvel, mas a habilidade de usar tais expressões em contextos

---

[17] "Não pode haver nenhuma diferença em alguma parte que não faça uma diferença em outra parte" (JAMES, 1967, p. 46).
[18] Ver artigo 80 I e II do Novo Código Civil Brasileiro, os chamados "imóveis por determinação legal" (GAGLIANO; PAMPLONA FILHO, 2004, p. 268).

jurídicos. E a utilidade do uso de tais expressões se consubstancia no poder de convencimento que o argumento técnico-jurídico terá no contexto pragmático.

Assim, em vez de ouvir o professor pronunciar os modelos presentes nos manuais, numa visão pragmatista, o estudante deveria ter acesso aos ambientes jurídicos em que tais expressões são utilizadas, proporcionando-o uma visão aproximada do uso dos conceitos em casos práticos reais ou simulados. Desta forma, as "diferenças que não fazem diferença" seriam deixadas de lado.

Outro exemplo claro de visão essencialista é o ensino do conceito de "personalidade". O estudante fica pasmo quando se diz a ele que existem entidades que têm direitos, mas não são pessoas. Ora, mas se a doutrina tradicional defende a ideia de que a personalidade é "a aptidão genérica para titularizar direitos e contrair obrigações, ou, em outras palavras, é o atributo necessário para ser sujeito de direito" (GAGLIANO; PAMPLONA FILHO, 2004, p. 88).

Evidentemente esta tese não é pacífica, mas a controvérsia, mais uma vez, é meramente conceitual. O que se contrapõe a esta visão tradicional é a concepção segundo a qual existiriam entes que não são pessoas, mas possuem titularidade de direitos. Tais entes seriam sujeitos de direito, mas não pessoas.

Ao explicar um conceito como este, não basta dizer que a personalidade é um conceito jurídico que qualifica certos entes e outros não. O professor deve mostrar os contextos em que o termo jurídico personalidade foi confrontado com aspectos outros de participação jurídica concreta como os "entes despersonalizados", a "massa falida", o "espólio" ou o "nascituro".

Afinal de contas, se há algum significado na distinção entre o nascituro e a pessoa ela não está somente no fato jurídico do "nascimento com vida", mas sim, e principalmente, nos efeitos práticos que o uso de tais conceitos pode provocar no ambiente jurídico.

Pouco adianta o professor informar que o nascituro seria uma exceção à regra geral de que a "personalidade é a aptidão para ser sujeito de direitos", ou mesmo citar uma "personalidade fictícia" (GOMES, 1998, p. 142). Quando se pergunta pela diferença, o que se espera é uma resposta prática, ou seja: mostrar os contextos em que o nascituro participa de relações jurídicas e de que forma tais contextos respondem ao fato de ele não ter personalidade (limitando sua participação, impedindo a atribuição de certos tipos de eficácia jurídica concreta, direitos subjetivos, por exemplo).

É interessante perceber que, mesmo quando se considera a tese de que o nascituro tem apenas "expectativa de direitos", por não ser pessoa, não se nega que o nascituro pode receber doação, ser beneficiado por herança e ter curador nomeado na defesa de seus direitos (GAGLIANO; PAMPLONA FILHO, 2004, p. 94).

Eis a prova de que a controvérsia é meramente conceitual e se baseia na defesa irrestrita de um conteúdo material específico, no caso, a ligação entre "personalidade" e "sujeito de direito". O apego a esta relação de identidade confunde o estudante, pois coloca a discussão em termos abstratos. Todavia, quando se passa aos contextos concretos, vê-se claramente que a questão se resolve sem grandes problemas.

Mais uma vez o uso de caso práticos reais ou simulados é propício. Também a inserção do aluno em temáticas multidisciplinares e ao conceito mais abstrato de personalidade ou mesmo a apresentação crítica do conceito e sua construção histórica.

4.4 Conclusão

Os conceitos jurídicos não podem ser vistos como tento um significado único. Eles fazem parte de uma tradição e não surgiram do dia para a noite. São objeto de uma construção histórica e como tal devem ser apresentados. A simplificação do conceito por meio de definições prontas só ilude ou estudante, deixando de dotá-lo do instrumental argumentativo útil para obter convencimento em ambientes jurídicos.

> Não há dúvida de que o sistema ideal, se pudesse ser alcançado, seria um código ao mesmo tempo tão flexível e minucioso a ponto de fornecer antecipadamente a norma justa e adequada a toda situação imaginável. A vida, porém, é complexa demais para colocar a conquista desse ideal ao alcance das capacidades humanas (CARDOZO, 2004, p. 106).

O estudo de casos não precisa estar ligado a uma visão realista do direito que limita o direito ao aspecto judicial e deixa de lado os demais processos decisórios e o ambiente acadêmico. Não se propõe aqui que o ensino do direito civil se transforme numa desvalorização da teoria e dos aspectos históricos e sociológicos dos conceitos ou institutos jurídicos.

O pragmatismo, aliás, como filosofia da ação, defende o fim dos dualismos metafísicos, entre os quais, a diferença entre teoria e prática como diferença de gênero. Toda questão teórica visa a uma ação, mesmo que esta ação não seja imediata. Recorrer às práticas dos ambientes jurídicos não quer excluir a reflexão mais abstrata sobre o direito.

A ideia é que o direito civil não seja visto como um "ordenamento", e que seus institutos e conceitos sejam abordados num ponto de vista pragmático. De nada adianta ao estudante saber definir abstratamente um conceito jurídico sem saber usá-lo numa situação jurídica concreta.

Seguindo um exemplo de Cardozo (2004, p. 108), a verdade é que, mesmo quando a regra é incontroversa, isto nem sempre é determinante para a decisão jurídica:

> Fabrica-se um automóvel com rodas defeituosas. A questão é se o fabricante tem, para alguém mais, além do comprador, a obrigação de inspecionar o produto. O ocupante do carro, prejudicado pelo defeito, apresenta sua versão ao tribunal; o fabricante outra. Qualquer que seja a parte que prevaleça, há poucas chances de que a conduta tivesse sido diferente caso se conhecesse a norma de antemão. (...) Seja como for, cometeu-se um erro. A questão é saber até que ponto o erro deve acarretar consequências desagradáveis para quem o cometeu.

Claramente se percebe que não basta conhecer a regra de conduta para resolver a questão. Não basta conhecer definições abstratas de culpa, nexo de causalidade e dano para dar uma decisão razoável ou argumentar juridicamente num caso concreto.

Deixar de lado esta postura só é possível se o educador abandonar seus preconceitos essencialistas e visualizar no direito um instrumento de realização de necessidades humanas. É preciso que o professor deixe de se considerar um revelador dos conteúdos jurídicos pré-existentes.

A visão pragmatista aqui proposta tem este condão: o que fazer o professor visualizar o direito como prática linguística que, como tal, é instrumento humano contextual e historicamente forjado. A linguagem prescritiva deste trabalho é intencional, pois serve não só de análise teórica do ensino do direito sob o ponto de vista pragmático, mas também se insere na tentativa mais concreta de despertar no professor uma visão mais complexa do fenômeno jurídico.

5

O CASO LOCKNER E OS DIREITOS SOCIAIS: PRAGMATISMO JURÍDICO E DIREITO CONSTITUCIONAL

5.1 Introdução

Este artigo pretende defender a tese de que o constitucionalismo pragmático, exposto na obra de Oliver Wendell Holmes Jr., especialmente na tese exposta no seu voto no caso Lockner vs Nova Iorque, é incompatível com o discurso presente no constitucionalismo brasileiro sobre direitos sociais, especificamente quanto à visão essencialista apresentada na defesa do chamado "princípio da proibição do retrocesso social".

A problematização teórica, portanto, é sobre a fundamentação do discurso em favor da proibição de retrocesso e sua ligação com uma forma de essencialismo incompatível com o discurso do pragmatismo jurídico de Oliver Holmes Jr.

O discurso constitucional que encontramos na doutrina brasileira, e que se reproduz no Poder Judiciário, em comparação com as primeiras decisões sobre a inclusão de direito sociais na legislação americana, mostra que uma visão mais cética do direito foi completamente abandonada em favor de uma abordagem essencialista quanto aos direitos sociais.

Na verdade, quero, neste trabalho, lançar luz sobre o discurso atual do constitucionalismo brasileiro, usando como base o pragmatismo jurídico de Oliver Wendell Holmes Jr. e a sua visão antiessencialista sobre direitos ou princípios constitucionais, mais coerente com uma sociedade aberta e democrática.

A problematização envolve uma espécie de contradição entre o discurso mais cético do pragmatismo jurídico, que serviu para retirar os obstáculos ideológicos de uma teoria econômica liberal, propiciando o surgimento de uma interpretação constitucional mais favorável aos direitos sociais e à intervenção estatal na economia. O pragmatismo, ao defender uma "experimentação social", nos dizeres de Holmes, permitiu a superação da famosa decisão no caso Lockner contra Nova Iorque, tendo como base o voto divergente do próprio Holmes.

Por outro lado, as atuais tentativas de transformar a defesa política dos direitos fundamentais sociais em um esforço jurídico-constitucional demonstram que, hoje, o discurso do constitucionalismo brasileiro, apesar de apoiar as premissas epistemológicas de uma teoria do direito mais cética ou pragmática, fecha questão em torno do conteúdo quase absoluto dos direitos sociais na sua forma prestacional, definindo, inclusive, as formas supostamente corretas de sua prestação, sempre por meio de ações interventivas do estado.

O discurso de afirmação, no Judiciário, de políticas sociais ou direitos coletivos e de intervenção, que normalmente vinha acompanhado de um discurso crítico antiessencialista (crítico do liberalismo econômico ou mesmo do positivismo jurídico legalista), agora, diante da estabilização da ideologia social-liberal intervecionista, converte-se em um discurso tipicamente essencialista, que recusa, inclusive, a possibilidade de contextualização econômica ou política para a relativização de direitos sociais prestacionais. O ápice desse discurso é o chamado "princípio da vedação do retrocesso social".

Seguindo a fundamentação teórica do pragmatismo jurídico, este artigo quer provar que, no Brasil, a interpretação dos direitos sociais está sendo fundamentada numa espécie de proselitismo ideológico que, jurisdicizando a escolha política, termina por escondê-la da interpretação dos direitos sociais, da definição de seus limites e da forma de sua concretização.

Ainda seguindo a metodologia do pragmatismo jurídico, demonstrarei que não há adequação entre o discurso metodológico empirista e falibilista do pragmatismo e a defesa intransigente de direitos sociais prestacionais. A defesa dos direitos sociais, portanto, não se fundamenta no discurso pragmático. Na verdade, a fundamentação jurídico-constitucional dos direitos sociais como direitos fundamentais encontra guarida, hoje, num discurso antipragmático.

Vou iniciar explicando o que o pragmatismo jurídico tem a ver com a introdução do discurso dos direitos sociais no Judiciário americano no início do Século XX. E, para isso, é preciso entender a participação de Oliver Holmes Jr. no desenvolvimento da interpretação da décima quarta emenda da constituição americana.

5.2 O pragmatismo jurídico americano: características essenciais

Hart (1983, p. 123) define a teoria do direito dos Estados Unidos como sendo absolutamente centrada no processo de decisão judicial. A preocupação central estaria, portanto, no que as cortes de justiça fazem e como fazem. Como os juízes decidem e justificam suas decisões nos casos particulares. Do ponto de vista da metodologia do Direito, essa definição parece estar mirando os pragmatistas.

O pensamento jurídico pragmático encontra sua expressão mais característica em Oliver Wendell Holmes Jr. e Benjamin Cardozo. Tais autores expressam a corrente que deu origem ao chamado "realismo jurídico americano". É Holmes quem afirma na sua obra *The path of the Law* que o direito nada mais é do que um conjunto de profecias sobre o que os juízes farão em cada caso concreto:

> These are what properly have been called the oracles of the law. Far the most important and pretty nearly the whole meaning of every new effort of legal thought is to make these prophecies more precise, and to generalize them into a thoroughly connected system. (HOLMES, 2010, p. 168)[19]

---

[19]"Estes são o que corretamente foram chamados os oráculos da lei. De longe o mais importante e praticamente todo o significado de cada novo esforço do pensamento jurídico é fazer com que essas profecias sejam mais precisas, e generalizá-las em um

O direito, segundo Holmes, deve ser apreendido na realidade, ou seja, o direito está contido na produção jurídica dos tribunais. Todos os esforços do pensamento jurídico devem ser no sentido de fazer as profecias serem mais precisas. Sendo assim, não cabe ao jurista procurar o direito em preceitos morais subjetivos, mas sim nas decisões concretas dos tribunais ao longo da história, generalizando-as em um sistema.

Por outro lado, a expressão "pragmatismo jurídico" liga a doutrina do direito ao pensamento da filosofia pragmática de autores como Charles Sanders Peirce, Wiliam James e John Dewey.[20] Mesmo aqueles que preferem a expressão "realismo jurídico", reconhecem essa ligação:

> Para identificar o realismo com o pragmatismo jurídico temos antes que atentar para a versão do realismo que se desenvolve nos EUA. Por realismo jurídico temos um movimento doutrinário de cunho anti-metafísico que se desenvolveu nos EUA e países escandinavos e situa-se na linha de concepções que rechaçam a jurisprudência mecanicista da escola da exegese e se caracteriza por um ceticismo frente às normas e conceitos jurídicos. (FREITAS, 2009, p. 142)

O pragmatismo jurídico está identificado com uma espécie de ceticismo quanto às normas e acredita, principalmente com Oliver Wendell Holmes Jr., que as proposições gerais não decidem os casos concretos sozinhas. Quem decide o caso concreto é a análise dos fatos e a história do próprio caso nos tribunais. "O pragmatismo jurídico é uma escola da teoria do direito que nasceu nos EUA no início do século XX tendo por principal característica o esforço de aplicar a tradição filosófica do pragmatismo ao problema da interpretação jurídica" (FREITAS, 2009, p. 167).

O uso da argumentação baseada apenas em normas gerais esconde a verdadeira razão da decisão. É nesse sentido que Holmes (2010, p. 176) argumenta que o direito só pode ser aprendido na realidade em que ele é aplicado, ou seja, nas decisões dos juízes, tomadas num sentido de formação coletiva e sistêmica dos costumes judiciais.

Outra característica do pragmatismo jurídico é normalmente

---

sistema completamente conectado". (Tradução nossa)

[20]Ver também o artigo de RÊGO, 2009, p. 55-77. O autor também prefere a expressão "pragmatismo jurídico" e a usa pra definir tais autores.

apontada como sendo uma aproximação entre o pensamento de Holmes e o positivismo jurídico (também chamado de "formalismo jurídico"). Não só quando defende a importância da legislação, o pragmatismo de Holmes se aproxima do positivismo. Também quando questiona a validade de princípios morais na aplicação do Direito. Holmes (2010, p. 178), nesse sentido, destaca a importância epistemológica da separação entre direito e moral. Tal distinção está ligada à importância que ele dá ao próprio método do *Common Law*.

Holmes não nega que valores morais até podem ser parte do conteúdo do Direito. Afinal, nem mesmo o positivismo mais analítico nega que o direito, de fato, está relacionado com a moral. Para Holmes (2010, p. 178), todavia, isso não deve significar que juízes poderiam importar seus próprios valores subjetivos encobrindo-os na linguagem abstrata dos direitos.

De todo modo, o pragmatismo admite a separação epistemológica ou metodológica entre moral e direito, apesar de que tal separação não pode ser considerada absoluta. O que se pretende é, em resumo, demonstrar que o aspecto subjetivo da moral não pode substituir juízos legislativos ou de precedentes claramente identificados como textos jurídicos dogmáticos ou mesmo com costumes arraigados. O pragmatismo é, nesse sentido, uma teoria que não nega o modelo de estado de direito que tem por base a prevalência da legislação como fonte do direito.

O pragmatismo jurídico engendra, porém, a defesa de uma forma de contextualismo que se baseia na crítica a entidades abstratas. Defende que proposições gerais não decidem os casos concretos no direito, pois são os fatos que determinam a correção ou não da interpretação jurídica. Essa é uma clara ressalva contra a argumentação meramente baseada em princípios morais.

Nesse sentido, proposições morais ou valorativas não podem ser determinantes para a solução de um caso, pois podem gerar obscurecimento das verdadeiras razões para decisão, que devem estar nos fatos concretos e na história do caso. Trata-se da defesa de uma análise histórica do direito, que nega validade aos princípios gerais e destaca a força dos contextos na resolução dos casos concretos.

A crítica do pragmatismo ao que seria um "moralismo jurídico" está vinculada, hoje, ao abuso no uso dos princípios como fonte de argumentação jurídica. Isso ocorre quando se pretende deixar de aplicar uma regra consolidada, por exemplo, alegando-se um princípio, com o nítido intuito de se sobrepor às determinações legislativas ou a um precedente vinculante.

Ademais, o pragmatismo parte da noção de que, nos casos fáceis, os critérios podem ser encontrados de forma bem determinada, pelo que os princípios, nesses casos, desempenham função bastante tímida, sob pena de insegurança jurídica e insuficiência na justificação das decisões. Por isso, a descrença de Holmes de que os casos difíceis podem servir como modelo de raciocínio jurídico ao dizer que os casos difíceis não geram "bom direito".

Isso significa duas coisas. Em primeiro lugar, que os casos difíceis não têm condição de gerar uma boa regra geral de direito para o futuro, justamente porque são tão complexos que é preferível deixar que ocorra antes uma consolidação do direito para, com o tempo, falar-se em regra de direito. Mas também significa que os valores envolvidos no caso podem "distorcer" o julgamento[21].

Noutro aspecto, a crítica poderia estar relacionada à postura mais conservadora de que os princípios prendem o juiz a uma determinada moral social e, assim, impedem avanços e experimentos por parte do Judiciário, pois ele estaria ligado à moral social de forma indissociável. Esse aspecto de crítica ao moralismo baseado em princípios aparece como um dos elementos mais importantes da análise do pragmatismo contemporâneo.

O que se diz é que o abuso dos princípios poderia levar a consequências problemáticas. Uma delas é o esquecimento dos fatos e a abstração do debate, gerando, em consequência, um exacerbado subjetivismo e ausência de fundamentação jurídica, característica de uma decisão arbitrária.

Nesse sentido, proposições gerais não contêm nenhuma previsão absoluta de qual será a decisão a ser tomada em cada caso, notadamente nos chamados "casos difíceis". Seguindo um exemplo de Benjamin Cardozo, a verdade é que, mesmo quando a regra é incontroversa, isto nem sempre é determinante para a decisão

---

[21]"Great cases like hard cases make bad law. For great cases are called great, not by reason of their importance... but because of some accident of immediate overwhelming interest which appeals to the feelings and distorts the judgment". (HOLMES,1992, p. 205.)

jurídica. (CARDOZO, 2004, p. 108)

Claramente se percebe que não basta conhecer a regra de conduta para resolver a questão. Não basta conhecer definições abstratas de culpa, nexo de causalidade e dano para dar uma decisão razoável ou argumentar juridicamente num caso concreto. A melhor resposta de um problema jurídico está relacionada com planos de ação para um futuro melhor como a dissolução de problemas práticos surgidos na vida. "Provamos a regra pelo seu resultado"(CARDOZO, 2004, p. 75).

É nesse sentido que Benjamim Cardozo afirma: "Na complexidade da vida moderna, há uma progressiva e constante necessidade de que os juízes recorram a algum processo de verificação dos fatos, que substituirá o conhecimento exato das condições práticas para conjecturas e impressões"(CARDOZO, 2004, p. 78).

Segundo Frederic Kellogg (2007, p. 45), Holmes rejeita o apelo judicial ao princípio como significando o abandono das funções jurisdicionais. Essa é uma crítica importante à ligação imediata entre moral e direito no raciocínio judicial ou na aplicação do direito nos casos concretos.

Isso não quer dizer, todavia, que os princípios não sejam partes integrantes da argumentação pragmática. Na verdade, os princípios estão presentes no pragmatismo, pois a teoria está inserida num contexto valorativo e não faria sentido transformar o pragmatismo num utilitarismo formal.

5.3 O caso Lockner e o constitucionalismo pragmático de Holmes

Holmes foi juiz da Suprema Corte e, no período, proferiu votos que mudaram a forma de interpretar a Constituição americana, formando, no entender de alguns doutrinadores, o que seria um "constitucionalismo pragmático". A ideia de que a Constituição americana não tem um conteúdo essencial leva à valorização da experimentação social por meio da legislação (KELLOGG, 2007, p. 45.).

Esse ceticismo de Holmes sobre o direito constitucional fica evidente quando ele lida com a liberdade de expressão. O valor fundamental desse princípio ocorre exatamente porque as ideias devem sempre passar pelo teste da experiência. Apesar de defender que mesmo esse valor não é absoluto, Holmes foi um grande defensor da ideia de que a liberdade de expressão só pode ser questionada em casos de grave perigo, criando toda uma doutrina constitucional libertária sobre o assunto (HALIS, 2010, p. 63).

As normas abstratas não decidem os casos porque os fatos a que se referem estão envoltos em circunstâncias especiais que não admitem uma generalização absoluta. Por isso, as normas abstratas não têm um significado suficientemente completo para, em si mesmas, resolver o caso concreto.

Foi justamente na base da desqualificação do caráter absoluto das proteções à liberdade econômica que o discurso dos direitos sociais ganhou proeminência política e jurídica nos Estados Unidos do início do Século XX. Atacando a ideia de que a liberdade contratual não admitiria nenhuma regulação estatal, justificava-se a possibilidade de introdução de regulações por meio de legislações trabalhistas que começavam a aparecer já no fim do Século XIX.

Do ponto de vista político, tanto partindo de sociais-democratas quanto de utilitaristas e socialistas, o argumento tem, basicamente, a mesma forma, apesar da ênfase diferente em cada um deles: o essencial é que a proteção à liberdade é constitucional, mas ela não pode ser considerada absoluta. O efeito de uma liberdade muito ampla seria a falta de proteção social para os mais pobres, a concentração de poder econômico ou a desigualdade social. Assim, os menos favorecidos terminariam sendo explorados pelas grandes corporações. O instrumento dessa exploração seria, justamente, a liberdade contratual.

Independentemente das inúmeras respostas liberais aos perigos do paternalismo e do agigantamento do poder estatal que as medidas de cunho intervencionista tiveram até meados do Século XX[22], o fato é que a alternativa ao comunismo soviético, ao fascismo ou ao nazismo (além do liberalismo *laissez faire*) defendia a adoção, pelo discurso jurídico, de uma espécie de harmonização entre valores conflitantes: liberdade e igualdade material.

---

[22]Sobre críticas importantes ao intervencionismo posso destacar as obras de Mises, especialmente "A Mentalidade Anticapitalista".

O caso Lockner, que virou exemplo do conservadorismo político da Corte Constitucional americana no início do século XX, envolvia a discussão sobre regulação de horário de trabalho de padeiros em Nova Iorque, uma típica legislação de trabalho. Num voto vencido, Holmes não chega a exaltar a legislação social ou os direitos coletivos como sendo direitos fundamentais.

Percebe-se, assim, que, no caso de Holmes, o argumento pela constitucionalidade das legislações sociais não era de conteúdo, mas de forma. O voto de Holmes foi um dos 4 votos vencidos no caso Lockner, pois a corte ficou rachada. Os argumentos centrais envolviam a proteção da liberdade e a negação do paternalismo, inerente às leis trabalhistas, de um lado, e, de outro, o argumento da proteção à saúde do trabalhador (HALIS, 2010, p. 202).

Os holmesianos, entre eles Richard Posner, afirmam que Holmes tinha convicções políticas conservadoras sobre a economia (favorável ao liberalismo econômico) que não explicavam suas decisões no caso Lockner e em outros (POSNER, 1992, p. XV). Holmes, portanto, não deve ser visto como um socialista em nenhum sentido. Estava muito mais para um conservador americano, portanto, defensor da liberdade econômica. Em seus votos e discursos, Holmes defende a propriedade privada e desdenha do socialismo (HALIS, 2010, p. 58).

Porém, sendo o pragmatismo uma filosofia cética e ao mesmo tempo de valorização da ciência, o Judiciário, segundo Holmes, não poderia servir de impedimento ao que ele chamou de "experimentação social" por parte dos legisladores dos estados federados. Isso mostra bem qual o conceito de direito que orientou a decisão de Holmes. Não se trata de decidir qual a melhor política pública, mas de respeitar a escolha do legislador e os limites do poder da União diante dos Estados.

Na verdade, toda sua dissenção é baseada em duas críticas.

Em primeiro lugar, Holmes ataca a falta de fundamentação da decisão dos seus colegas. Afirma não haver coerência entre outras decisões da corte e o caso Lockner. Cita o caso das leis de usura e a proteção do domingo[23]. Ainda no âmbito da fundamentação,

---

[23]"This case is decided upon an economic theory which a large part of the country does not entertain. If it were a question whether I agreed with that theory, I should desire to study it further and long before making up my mind. But I do not conceive that

Holmes apresenta um típico argumento pragmático para o direito. Proposições gerais não decidem casos concretos (HOLMES, 1992, p. 306).

O essencial do argumento é que apenas alegar a existência de uma proibição geral como a da décima quarta emenda não seria suficiente para justificar a inconstitucionalidade de leis trabalhistas. Afinal, uma interpretação assim significaria que qualquer limitação à liberdade seria essencialmente inconstitucional e isso seria absurdo para Holmes.

Focado numa ideia de coerência, destaca as *sunday laws* como precedentes para a limitação da liberdade nas relações de trabalho. A questão é que seria necessário justificar por que essa restrição em específico deveria ser considerada abusiva diante do texto constitucional. Segundo Halis (2010, p. 168), "Holmes se inclinava a deixar as maiorias efetuarem suas decisões, a menos que elas afetassem o que ele considerava como *princípios* basilares do procedimento democrático". Tudo, no fundo, seria uma questão de ponderação.

A decisão pela inconstitucionalidade no caso também implicava uma escolha moral e política incompatível com o papel do Judiciário segundo Holmes. Os colegas estariam escolhendo uma teoria econômica em detrimento de outra e isso era função dos legisladores e não dos juízes. Isso está relacionado com a exaltação da restrição judicial por parte de Holmes. Agindo assim, o Judiciário estaria impedindo que o povo de Nova Iorque experimentasse novas teorias econômicas.

Como se vê, o discurso pragmático, cético e falibilista, possibilitou a consolidação das inovações legislativas que vieram configurar o direito do trabalho e as demais legislações sociais intervencionistas, modificando, ao longo do tempo, a própria interpretação da décima quarta emenda e de toda a constituição americana. A "era progressista", que veio após o caso Lockner, significou um ataque aos direitos individuais e à propriedade privada,

---

to be my duty, because I strongly believe that my agreement or disagreement has nothing to do with the right of a majority to embody their opinions in law". Também nesse trecho: "Some of these laws embody convictions or prejudices which judges are likely to share. Some may not. But a Constitution is not intended to embody a particular economic theory, whether of paternalism and the organic relations of the citizen to the State or of *laissez faire*". (HOLMES, 1992, p. 306.)

permitindo que a legislação antiliberal substituísse os processos competitivos pelos cartéis estatais (EPSTEIN, 2006, p. 52).

Isso não significa que Holmes endossaria o discurso de harmonia dos direitos coletivos e individuais tão em voga no constitucionalismo brasileiro. Para Holmes, a cada situação teremos sempre a necessidade de fazer essa harmonização concretamente. Os direitos, segundo Holmes, clamam sempre por sua aplicação total. O problema é que os interesses que representam são, quase sempre, diferentes e contraditórios. Sendo assim, não se pode falar em uma simples harmonia entre a liberdade e a igualdade e, muito menos, na impossibilidade de mudança constitucional.

5.4 A defesa dos direitos sociais e a interpretação da Constituição brasileira

A Constituição brasileira não só prevê uma ampla gama de direitos sociais, como também, em muitos casos, determina que o estado deve prestá-los direta ou indiretamente. A doutrina constitucional brasileira tende a interpretar esta previsão da forma mais intervencionista possível. Celso Antônio Bandeira de Melo, ao definir a noção de serviço público deixa claro que eles são "atividades fora do mercado", assim, devem ser prestadas pelo estado (MELO, 1998. p. 436).

A ideia central é a de que a Constituição brasileira teria nascido com o intuito de prestar ao cidadão as utilidades de que ele precisa para viver com dignidade, de forma a não depender do mercado para prover suas necessidades[24]. Por isso atribui diversas competências ao estado brasileiro, obrigando a administração pública a desempenhar certas atividades que o estado, por considerá-las "atinentes a interesses integrados em sua esfera de ação própria", retira do comércio e da iniciativa particular e traz para si como uma competência, um dever. (MELLO, 1998).

É possível, portanto, para efeito deste artigo, ligar direitos sociais

---

[24]Trata-se, obviamente, de um preconceito anticapitalista. Em 1954, Mises escreveu: "O fato é que hoje, governos, partidos políticos, professores e escritores, ateus militantes e teólogos cristãos são praticamente unânimes em rejeitar apaixonadamente a economia de mercado e em louvar os supostos benefícios da onipotência do estado". (MISES, 2010.)

à intervenção estatal na ordem espontânea e nas decisões individuais. A maioria dos constitucionalistas, porém, não aborda a questão dessa maneira. Eles argumentam que a realização de direitos de liberdade individual também precisa de "prestações estatais".

Segundo Virgílio Afonso da Silva, nem todo direito a prestações é um direito social. As liberdades públicas também exigem um agir do estado, que, no sentido de protegê-las, precisa criar instituições estatais e procedimentos necessários ao exercício da liberdade. O exemplo dos direitos políticos é sempre mencionado com a necessidade de se organizar as eleições e são considerados "prestações em sentido amplo", para se distinguirem das prestações em sentido estrito que, aí sim, seriam característica dos direitos sociais (SILVA, 2012, p. 78 e 79).

Essa é uma forma de dizer que a "intervenção do estado" já existe mesmo num estado liberal. Não se pretende aqui também encarar a polêmica sobre a relação entre direitos sociais de defesa ou "liberdades sociais". Isso porque o que se chama de direitos sociais de defesa nada mais são que intervenções legislativas nos contratos que, para efeito deste trabalho, se encontram na mesma categoria de direitos que limitam a autonomia individual ou que promovem intervenção do estado na liberdade (MEIRELES, 2008, p. 91).

Para efeito deste trabalho, portanto, deve-se deixar clara a diferença entre a função básica do estado de direito liberal, qual seja, o monopólio da justiça e do devido processo legal, de um lado, e todas as demais intervenções estatais, de outro, especialmente aquelas que denotam delimitação de direitos de liberdade contratual e imponham quaisquer formas de redistribuição coercitiva. Assim, o propósito deste artigo é estudar os direitos sociais como forma de fundamentação da intervenção do estado na economia e, portanto, delimitando a liberdade individual.

Mises afirma que o intervencionismo é um sistema econômico que:

> Por um lado, considera a propriedade privada ilimitada prejudicial à sociedade, e, por outro, considera que uma ordem baseada apenas na propriedade pública não é totalmente viável, pelo menos por enquanto. Procura, portanto, criar uma terceira ordem: um sistema social intermediário entre a propriedade privada e a propriedade pública. Desta forma, procura evitar os "excessos" e males do capitalismo, mantendo, contudo, as vantagens da iniciativa e

indústria privadas, que o socialismo não pode gerar(MISES, 2010, p. 18).

Nesse sentido, afirma que a intervenção "é uma norma restritiva imposta por um órgão governamental, que força os donos dos meios de produção e empresários a empregarem estes meios de uma forma diferente da que empregariam". Por isso, as medidas "que são tomadas com o fim de preservar e assegurar a propriedade privada não são propriamente intervenções" (MISES, 2010, p. 19-20).

Regra geral, constitucionalistas brasileiros entendem que os direitos sociais devem ser interpretados como intervenção estatal, e, mais do que isso, entendem que certos serviços públicos devem ser efetivamente realizados pelo estado (fugindo do conceito de intervenção de Mises). Em alguns casos, defendem também a sua aplicabilidade imediata pelo Judiciário, obrigando o estado a prestar o serviço:

> Ora, o acesso à moradia adequada é um direito social indissociável do mínimo existencial. Sem ele, a sobrevivência e a qualidade de vida digna ficam seriamente ameaçadas. O Estado tem o dever de adimplir as prestações necessárias a assegurar as condições básicas de habitação contidas nas diretrizes internacionais e na legislação brasileira (SARMENTO, 2011, p. 158).

Tais autores normalmente não fazem só uma análise dogmática de que a constituição prevê direitos sociais prestacionais, mas também fazem a defesa dessa constituição, ignorando as críticas que os liberais fazem do excessivo peso da atividade estatal tanto do ponto de vista da eficiência econômica como do sufocamento da liberdade, além do aumento da carga tributária, no caso dos serviços prestados pelo estado.

> Em verdade, a garantia dos direitos sociais, hoje, representa condição necessária para que se possibilite o efetivo gozo dos direitos de liberdade civis e políticos clássicos. Sem aqueles, estes restam evaziados de conteúdo e não passam de meras promessas inscritas em um papel ao qual, inclusive, nem todos têm acesso (MEIRELES, 2008, p. 93).

Na leitura dos principais autores brasileiros em direito constitucional, o que se vê é a exaltação de uma "constituição cidadã", liberal, mas com nítido caráter social. O que prevalece é um discurso de supremacia dos direitos sociais disfarçado de harmonia entre liberdade e igualdade material (SARLET, 2008, p. 204). Em muitos casos se afirma solenemente que a "verdadeira liberdade material" só existe se houver o cumprimento dos direitos sociais (MEIRELES, 2008, p. 94), ignorando o fato de que necessidades materiais não brotam do nada, mas decorrem de muito trabalho e empreendedorismo.

Reconhece-se que os direitos sociais precisam dos chamados "custos de procedimentos, organizações e proteção" além de pressupor recursos financeiros altíssimos. Assim, se o "custo das liberdades" é distribuído por todas elas, no caso dos direitos sociais, há custos específicos e que normalmente são muito altos. Uma prestação estatal específica só é aproveitada para cada direito social especificamente. No caso da saúde, por exemplo, a construção de hospitais ou a contratação de médicos e profissionais de saúde envolve custos altíssimos e criar direito social no papel não resolve o problema sobre quem vai produzir os bens necessários para a satisfação de tais necessidades (SILVA, 2012, p. 241).

A despeito de todas as críticas que os liberais fazem aos chamados direitos sociais, desde a própria consideração de que eles violam direitos individuais, até as visões mais utilitaristas de eficiência econômica, o que pretende esse trabalho é alertar para uma questão epistemológica.

Os defensores brasileiros de um modelo de estado social se afastaram completamente daquele pragmatismo jurídico do início do século XX e, hoje, estão apegados a um discurso radical de defesa dos direitos sociais. Tal discurso começa na defesa da fundamentalidade dos direitos sociais, passa pela defesa da aplicação do artigo 60, §4º, IV da CF-88 aos direitos sociais e coletivos e chega até o ponto objeto deste trabalho, qual seja, a defesa do princípio da proibição do retrocesso social.

A defesa dos direitos sociais no Brasil já ganhou contornos de radicalização com a ideia de força normativa e aplicabilidade imediata dos direitos sociais, mas, principalmente, com a importação da ideia de "vedação do retrocesso social", a previsão constitucional de direitos sociais passou a ser interpretada da forma mais essencialista possível.

Por esse princípio, que não é expresso, mas decorre do sistema jurídico-constitucional, entende-se que uma lei, ao regulamentar um mandamento constitucional, instituir determinado direito, ele se incorpora ao patrimônio jurídico da cidadania e não pode ser arbitrariamente suprimido (BARROSO, 2001, p. 158).

Também Flávia Piovesan assim se manifesta:

> Cabe ainda mencionar que a Carta de 1988, no intuito de proteger maximamente os direitos fundamentais, consagra dentre as cláusulas pétreas a cláusula "direitos e garantias individuais". Considerando a universalidade e indivisibilidade dos direitos humanos, a cláusula de proibição do retrocesso social, o valor da dignidade humana e demais princípios fundamentais da Carta de 1988, conclui-se que esta cláusula alcança os direitos sociais (PIOVESAN, 2010. p. 56).

Em resumo, a tal "proibição do retrocesso social" significa o seguinte: alcançado um determinado nível de proteção aos direitos sociais, não pode haver retrocesso. Ou seja, se um determinado direito coletivo foi alçado à categoria de direito fundamental constitucional, não pode haver revogação desse direito. Nem do ponto de vista abstrato, em caso de emenda constitucional, nem do ponto de vista concreto, com a mudança na forma de sua execução por parte do legislador ordinário ou do Poder Executivo. Havendo concretização de direitos sociais por parte de uma legislação infraconstitucional, esta também não poderia ser revogada, sob pena de violação ao princípio da vedação do retrocesso. A única possíbilidade seria a substituição de uma política por outra.

Ingo Sarlet reconhece que, em contextos de crise, é possível relativizar a aplicação, tratando a vedação do retrocesso como princípio e não como regra, poderia ser objeto de ponderação. Porém, deixa claro que qualquer medida restritiva de direitos sociais deve ser trata como "suspeita" e com "presunção de inconstitucionalidade". Assim, em última análise, o critério final é o conceito abstrato de dignidade humana. O exemplo trazido pelo autor dá a demonstração do que ele defende. Trata-se do julgamento no Tribunal Constitucional de Portugal sobre a supressão de uma faixa de idade (18 aos 25 anos) da participação de um programa de renda mínima. O tribunal entendeu que tal modificação legislativa violaria a vedação do retrocesso social (SARLET, 2008, p. 455-462).

Fica claro que os autores têm a simpatia pela ideia de um estado interventor e prestador de serviços públicos, reconhecendo ser essa a única forma de realizar o princípio da dignidade humana, defendem abertamente uma postura intervencionista estatal, como deixa claro

Ingo Sarlet:

> No embate entre o paradigma do Estado Social intervencionista e altamente regulador e a nefasta tentativa de implantar um Estado minimalista à feição dos projetos globalizantes do modelo econômico e da ideologia neoliberal, o correto manejo da proibição do retrocesso na esfera dos direitos fundamentais sociais poderá constituir uma importante ferramenta jurídica para a afirmação do Estado necessário, do qual nos fala Juarez Freitas (SARLET, 2008, p. 455-462).

Por isso argumentam, no fundo, que qualquer diminuição de direitos sociais seria um atentado à dignidade humana e, portanto, necessariamente inconstitucional. O princípio da vedação do retrocesso decorreria tanto da ideia de segurança jurídica quanto da ideia de dignidade humana. Trata-se de uma reinterpretação da noção de direito adquirido. Ele vai além do ativismo judicial na interpretação da força normativa dos direitos sociais, que considera a pertinência da determinação de políticas públicas específicas por parte dos juízes, fenômeno que, no Brasil, ganhou, inclusive, a crítica de Canotilho:

> Temos manifestado as mais sérias reticências a esse activismo, por mais nobre que seja a sua intencionalidade solidária. Além de se limitarem a sentenças casuísticas – sobretudo no âmbito de prestações de saúde – falta-lhes legitimidade para a apreciação político-judicial das desconformidades constitucionais das políticas públicas (CANOTILHO, 2010. p. 35).

Ironicamente, Canotilho também afirma:

> Compreendemos a angústia do cidadão brasileiro que consegue chegar aos Tribunais, incluindo o Supremo Tribunal Federal, reclamando o "mandado judicial para fornecimento de 'Viagra' em nome da dignidade da pessoa humana", mas, por enquanto, a prudência jurisprudencial não tem legitimidade para se transformar em instância compensadora de disfunções humanas e sociais, como se órgãos politicamente responsáveis se tratasse. Mais uma vez, as normas jurídicas não são declarações de amor (CANOTILHO, 2010. p. 35).

Sobre essa visão exagerada do papel do judiciário na concretização de direitos sociais, Rocha (2013, p. 60) deixa claro que os tribunais tendem a interpretar o direito à saúde de forma absoluta, levando a concessão de medicamentos e tratamentos sem contraprestação, deixando de considerar as consequências teóricas e práticas de tal interpretação.

A defesa da força normativa, aliada ao princípio da proibição do retrocesso, elimina qualquer possibilidade de debate político no sentido de reinterpretar os direitos sociais ou até mesmo de criticar o exagero da atuação estatal. Qualquer mudança política em favor de uma diminuição dos poderes do estado, seja na intervenção pela legislação, seja na criação de mais gastos estatais, seria interpretada como violação à constituição.

Assim, se o Brasil considerar que o seguro desemprego, por exemplo, deve ser extinto (seja por falta de dinheiro ou como uma política de incentivo ao trabalho) ou mesmo que deva haver o endurecimento dos critérios para a obtenção dos benefícios, certamente essa medida poderia ser considerada inconstitucional de acordo com essa interpretação baseada nos princípios da proibição do retrocesso social. Trata-se, como se vê, de uma forma de empurrar contra parede adversários ideológicos. É o direito querendo barrar a divergência política.

Há, porém, uma crítica pragmática à própria existência do princípio da proibição do retrocesso social, que se verá no próximo ponto, como conclusão do artigo.

5.5 Conclusão

Numa visão pragmática do direito, o princípio da proibição do retrocesso social deve ser visto como uma tentativa de imposição de posturas ideológicas antiliberais e, mais do que isso, uma abordagem que leva ao fim do debate por meio da substituição do argumento político pelo jurídico, engessando a possibilidade de mudança constitucional em favor de mais liberdade ou de menos paternalismo.

A evidente defesa do estado social por parte dos constitucionalistas não deve ser censurada, não como resposta a um discurso político. Os juristas podem e devem ter posições políticas e defender modelos econômicos que entendam mais justos ou eficazes. Esse debate também deve ser objeto de atenção dos juristas. O que se pretende fazer aqui é censurar a tentativa de ocultar o discurso político usando a máscara da dogmática constitucional.

Há dois problemas fundamentais no discurso de defesa do princípio da proibição do retrocesso social. Em primeiro lugar, ele ignora solenemente qualquer contribuição que os autores liberais possam dar ao debate sobre os direitos sociais. Além disso, também ignora a contribuição do próprio Canotilho sobre a necessidade de a teoria jurídica da constituição manter aberta a possibilidade de mudança. Esses dois problemas levam à conclusão de que a adoção de tal princípio não decorre de uma visão pragmática do direito, mais cética ou falibilista, mas sim de uma visão essencialista claramente defensora do intervencionismo estatal.

Como vimos, o pragmatismo de Holmes é uma visão do direito tipicamente empirista e historicista. Nessa perspectiva, se, no início do século XX, argumentos essencialistas foram usados para barrar mudanças na interpretação mais liberal (liberal no sentido clássico) da constituição americana, também no caso dos direitos sociais não deve existir uma salvaguarda absoluta contra mudanças sociais em favor de um estado menos interventor.

Todavia, a despeito das posições políticas que os juristas têm, não é possível justificar uma cláusula como a proibição do retrocesso nem no seu aspecto legal, nem no constitucional. Tentar barrar uma mudança constitucional usando um princípio que supostamente estaria além da política é só uma tentativa de enfatizar suas posições ideológicas. O debate franco e democrático sobre as melhores escolhas (maior ou menor intervenção do estado, mais verbas para saúde ou para presídios) é, pragmaticamente falando, mais útil a uma sociedade plural e que leva em conta as mudanças e necessidades históricas.

Nesse sentido, o primeiro problema apontado é determinante na defesa do princípio da proibição do retrocesso social. Inicialmente porque se considera que qualquer tentativa política de se defender um estado menos interventor é vista imediatamente como retrocesso. Aliás, toda narrativa que abordamos em defesa dos direitos sociais aponta nesse sentido.

Um dos fatores ignorados é a ineficiência estatal na prestação dos serviços públicos. Virgílio Afonso da Silva (2012, p. 241) destaca que a ineficiência das empresas estatais está ligada à falta de incentivos e restrições existentes num regime de maximização de lucros, ficando evidente que uma escolha por diminuição do papel do estado pode significar, justamente, a melhoria no bem estar das pessoas.

Não se pode deixar de ter em consideração os argumentos liberais contra o intervencionismo estatal, que sequer são levados em conta pela doutrina. A ideia básica que encontramos nos economistas austríacos, por exemplo, é a de que burocratas governamentais não têm informação suficiente para planejar políticas econômicas. Tais informações são operadas, numa economia de mercado, por meio das escolhas individuais e do sistema de preços, informações distribuídas entre os bilhões de indivíduos que fazem escolhas sobre o que comprar e vender todos os dias. Assim, por meio de um movimento sistêmico, o mercado distribui os bens escassos por meio de decisões individuais, evitando que uma elite escolha que bens serão produzidos e a que preço serão vendidos. A tese é a de que quando o governo central planeja, ele escolhe pelos indivíduos e, com isso, toma decisões equivocadas e ineficientes.

Se é assim, o caminho para um estado mais liberal, depois do fracasso de várias políticas centradas numa atuação direta do estado, pode ser um caminho legítimo. A teoria pragmática da democracia de Richard Posner pretende descrever princípios necessários para proteger o povo contra ações governamentais iliberais e ineficientes. Isso ocorre quando fica evidente que políticas de redistribuição exageradas e mal planejadas põem em risco o equilíbrio fiscal do país, podendo prejudicar justamente aqueles a quem querem proteger. Mesmo a ideia de redistribuição não pode deixar de lado o fato de que para redistribuir algo, é preciso antes produzir. E, nesse sentido, uma taxação exagerada, por exemplo, pode vir a desestimular a produção (POSNER, 2010, p. 157).

A defesa do liberalismo também passa pelo fato de que "[...] o estado de direito é mais do que o simples julgamento de casos de forma impessoal. Ele engloba também o papel do pensamento pragmativo e econômico na construção das doutrinas jurídicas" (POSNER, 2009, p. 22). Sendo assim, haveria uma necessidade pragmática de encarar a legislação, ou mesmo o direito contratual, como algo que traga consequências econômicas e sociais consideradas eficientes.

Outra linha de defesa do liberalismo ignorada pelos defensores da vedação do retrocesso social é a experiência política de sociedades mais liberais (ainda que sejam sociedades com alguma intervenção econômica estatal). Mesmo aqueles que defendem algum grau de intervenção jamais deixam de levar em conta que o liberalismo político e econômico é o único capaz de proporcionar uma sociedade com bem estar, e, além disso, o liberalismo garante a liberdade política:

> O liberalismo fomenta as trocas de informação de que depende o progresso científico e tecnológico; arregimenta, sem coerção, o apoio dos cidadãos; maximiza a produção eficiente; estimula e recompensa a competência; previne a excessiva centralização das decisões; enfraquece as rivalidades entre famílias ou clãs e reduz os conflitos ideológicos. A justificação do liberalismo é pragmática. (POSNER, 2009, p. 26).

Há, portanto, além das questões de eficiência e distribuição, também a questão que envolve a centralização do poder e a democracia. Na verdade, o ponto fundamental é que a concessão de mais poderes ao estado, mesmo com o propósito supostamente nobre de promover redistribuição de riqueza ou proteção social à população mais pobre, implica necessariamente tolher direitos individuais, seja pela cobrança de mais impostos, seja pela necessidade de restringir a liberdade individual. É nesse sentido que as políticas típicas do intervencionismo já serviram para justificar regimes coletivistas que, como a história bem demonstrou, não se coadunam com a democracia:

> As políticas econômicas da Itália de Mussolini e da Alemanha de Hitler assemelhavam-se ao "socialismo estatal" que Lenin quis instituir na Rússia soviética ao chegar ao poder, sob o qual a empresa privada trabalharia para o governo – uma ideia que Lenin foi forçado a abandonar sob a pressão dos "comunistas de esquerda". Esse sistema foi introduzido com sucesso na Itália e na Alemanha porque os negócios incorporados provaram por si nesses países e também em outros lugares (inclusive os Estados Unidos), ser flexíveis, submetendo-se a qualquer tipo de controle e de regulamentação enquanto pudesses recuperar seus lucros. (PIPES, 2010, p. 260).

Apesar de existência de diversas formas de intervenção estatal nas democracias ocidentais, pode-se dizer que a história recente prova que as alternativas coletivistas ao liberalismo, sejam fascistas ou socialistas, além de serem inviáveis economicamente, são também aberrações políticas. Por isso, é direito de uma comunidade escolher se afastar de soluções coletivistas (POSNER, 2009, p. 29).

Vejamos o exemplo da Alemanha. Andreas Krell deixa claro que, mesmo tendo a Alemanha do pós-guerra se configurado num tipo de estado social que "já ultrapassa nas suas finalidades o modelo clássico do *Welfare State*", a Lei Fundamental de 1949 não incorporou nenhum ordenamento dos direitos sociais da segunda geração, ou seja, dos trabalhadores, educação, saúde ou assistência social, fato que o Professor Krell atribui "às más experiêcias com a Carta anterior de Weimar", símbolo do estado social do início do século XX.

Ou seja, apesar de ser vista, no mundo, como uma das primeiras a introduzir direitos sociais e prestacionais em seu texto, a Carta de Weimer é vista pelos doutrinadores alemães contemporâneos como uma carta fracassada, pois teria contribuido para a radicalização da política alemã e para a tomada de poder pelos nazistas (KRELL, 2002, p. 45).

> O medo do igualitarismo e coletivismo de um Estado Social que ameaça o Estado de Direito e tende a afogar as liberdades individuais é um traço comum de partes expressivas da doutrina alemã do Direito Público pós-guerra e tem a sua base nas experiências amargas com o Estado ditatorial nazista e os regimes do "socialismo real" do Leste Europeu durante a Guerra Fria, especialmente a "República Democrática Alemã" (DDR).(KRELL, 2002, p. 47)

O medo a que se refere o autor fez com que, posteriormente, na tentativa de rever o texto da constituição em 1990 por ocasião da unificação alemã, não lograsse êxito a incorporação dos direitos sociais no texto constitucional, mantendo os princípios existentes na forma de mandatos.

Andreas Krell destaca a realidade alemã para justificar uma interpretação diferente quando se trata da constituição brasileira. Aqui, porém, pretendo argumentar que a noção de direitos sociais como mandatos é muito mais fiel a uma visão realista ou pragmática do que a visão essencialista da maioria da doutrina brasileira, além de ser mais honesta quanto aos perigos do coletivismo.

Destaque-se que a existência de um estado de bem estar na Alemanha não encontrou obstáculos na falta de previsão expressa na constituição alemã ou pela inexistência de direito subjetivo à prestação estatal. O que mostra que a presença de direitos sociais como direitos constitucionais fundamentais também não é determinante das políticas públicas a serem tomadas. Com a vantagem de que, em tempos de crise, a legislação mais flexível provocaria menos rupturas ou traumas com mudanças constitucionais.

Nesse sentido, pode-se dizer que não é necessário ser um adepto da filosofia do liberalismo político para reconhecer as impropriedades do princípio da proibição do retrocesso social. Canotilho, por exemplo, inicialmente um defensor do referido princípio, argumenta, em obra mais recente, que ele pode engessar a constituição, impedindo mudanças institucionais importantes em tempos de crise fiscal do estado:

> Os tribunais não podem neutralizar a liberdade de conformação do legislador, mesmo em um sentido regressivo em épocas de escassez e de austeridade financeira. Isso significa que a chamada tese da "irreversibilidade de direitos sociais adquiridos" deve entender-se com razoabilidade e racionalidade, pois poderá ser necessário, adequado e proporcional baixar os níveis de prestações essenciais para manter o núcleo essencial do próprio direito social. (CANOTILHO, 2010. p. 30).

Tal argumento não necessariamente significa uma defesa do liberalismo conômico. Assim como Holmes, ao votar no caso Lockner, também não aderiu à esquerda americana. Canotilho, ao se referir ao princípio da vedação do retrocesso, fala em "hipertrofia de imposições constitucionais" que decorreria de uma "ética de convicção" e não de uma "ética de responsabilidade prática". Por isso, diz ele, "a consequência será a da grandiloquência nas palavras e a da fraqueza dos actos" (CANOTILHO, 2008, p. 119-120).

A afirmação poderia se referir a um princípio pragmático, como Posner afirma:

> Ao enfatizar a prática, o olhar adiante e as consequências, o pragmatismo, ou ao menos o meu tipo de pragmatista (pois veremos que o pragmatismo também tem uma versão antiempírica e anticientífica), é *empírico*. Interessa-se pelos "fatos" e, portanto, deseja estar bem informado sobre o funcionamento, as propriedades e os efeitos prováveis de diferentes planos de ação. Ao mesmo tempo, guarda *ceticismo* diante de qualquer afirmação de confiança na obtenção da verdade final sobre qualquer coisa. (POSNER, 2009, p. 5)

Nesse sentido, a importância das mudanças constitucionais fica evidente:

A complexidade e contingências da sociedade assente em sistemas sociais diferenciados postula, assim, a reescritura permanente das regras constitucionais com base em experiências e em aprendizagens, e não com recurso a integracionismos ético-sociais, a unitarismos políticos e à homogeneização dos cidadãos. (CANOTILHO, 2008, p. 196).

A mudança constitucional é parte da tentativa de melhorar a comunidade e não pode ser impedida por um princípio jurídico elaborado com base numa ideologia política, protegida por uma cúpula, uma elite intelectual, sob pena de levar ao que Canotilho chamou de "homogeneização dos cidadãos", algo típico de sociedades não democráticas e autoritárias.

Além disso, não se pode deixar de levar e conta o momento da elaboração das constituições e, especificamente, como o contexto social e político da época influenciou a inflação de direitos sociais na constituição brasileira. Ao fim de uma ditadura militar combatida pela esquerda, os princípios liberais ainda estavam em baixa, notadamente no que diz respeito aos contratos e à economia. Como disse Canotilho, "o 'Muro' ainda não tinha caído e as propostas económicas keynesianas só, havia pouco tempo, sofriam o vendaval político e teórico do neoliberalismo" (CANOTILHO, 2008, p. 210).

Como se vê, a questão não envolve necessariamente a escolha pelo liberalismo econômico, pois o ponto central do debate é metodológico. Envolve a aceitação das diferenças e o reconhecimento de que o modelo de estado social intervencionista pode ser criticado e eventualmente substituído por decisão da comunidade. Uma visão mais cética e falibilista do direito.

Porém, não se pode negar que, no mesmo sentido metodológico, é possível se falar numa aproximação entre pragmatismo e liberalismo. Se, para Holmes, a melhor política vencerá o debate de ideias, tal como na sua defesa da liberdade de expressão, o seu pragmatismo permite que ideias não sejam rechaçadas de antemão e que elas possam ser testadas na prática, não devendo o direito ser um obstáculo de coerção contra esses experimentos sociais. Principalmente quando são ainda controversas, não deveria ser papel do juiz impedir que diferentes ideias travem sua batalha pela consolidação no direito, desde que elas não violem "princípios basilares":

As law embodies beliefs that have triumphed in the battle of ideas and then have translated themselves into action while there still is doubt, while opposite convictions still keep a battle front against each other, the time for law has not come; the notion destined to prevail or not yet entitled to the field. It is a misfortune if a judge reads his conscious or unconscious sympathy with one side or the other prematurely into the law, and forgets that what seem to him to be first principles are believed by half his fellow men to be wrong. (HOLMES, 2010b, p. 295).[25]

Nesse sentido, o fato de o princípio da proibição do retrocesso social ser antiliberal, demonstra que, em certo sentido, ele também é antipragmático. Se o liberalismo é a filosofia política mais adequada às sociedades entre cujos integrantes não há um consenso quanto aos fundamentos do direito, o pragmatismo é a filosofia política do viver sem fundamentos. Portanto, liberalismo e pragmatismo estão relacionados metodologicamente e, no caso do princípio da proibição de retrocesso social, formam juntos o principal argumento contra sua existência jurídica e política.

A incompatibilidade entre o pragmatismo jurídico e o princípio da proibição do retrocesso social demonstra, portanto, que a importância de se manter abertas as vias da política no âmbito da interpretação constitucional não serve a nenhum propósito ou ideologia política determinada (como provaa posição de Holmes no caso Lockner), mas garante um princípio básico de uma sociedade aberta e democrática:a humildade de reconhecer que mesmo crenças políticas ora consensuais, um dia podem mudar, e o direito não deve ser obstáculo para tais mudanças.

Tal posição não significa o abandono completo de princípios (a exploração do tema de se o pragmatismo é um mero relativismo é complexa e não cabe nos propósitos deste trabalho). A garantia de que novas ideias não serão impedidas de lutar suas batalhas pelo convencimento é um princípio fundamental de uma sociedade liberal democrática, sendo esta a contribuição moral e política da

---

[25]"Como o direito incorpora crenças que triunfaram na batalha das idéias e, em seguida, - traduziram-se em ação, enquanto ainda há dúvidas, enquanto convicções opostas ainda mantém uma frente de batalha umas contra as outras, o tempo para o direito não chegou; a noção destinada a prevalecer ou não ainda tem direito estar em campo. É um infortúnio quando um juiz interpreta a sua simpatia consciente ou inconsciente com um lado ou outro prematuramente como direito, e se esquece de que o que lhe parecem ser princípios fundamentais são tidos como errados pela metade seus colegas" (Tradução nossa).

metodologia do pragmatismo jurídico.

6

THE LEGAL PRAGMATISM OF HOLMES AND HIS INTERPRETATION OF FREEDOM OF SPEECH: THE USE OF THE BURQA AS A PROBLEM OF FREEDOM OF RELIGIOUS EXPRESSION

6.1 Introduction

It is possible to analyze the legal problem - object of the decision under review - through an approach that takes into account the issue of freedom of speech and expression, which includes the right to freedom of thought, conscience and religion, and the right to manifest a religion or a belief.

The French statute no. 2010-1192 of 2010 prohibited for anyone to conceal their face in public places. But wearing the burqa or niqab in public is a manifestation of ideas and religious thoughts as was clearly recognized by the applicant of the case here analyzed, who alleged that "there were certain times (for example, during religious events such as Ramadan) when she believed that she ought to wear it in public in order to express her religious, personal and cultural faith. Her aim was not to annoy others but to feel at inner peace with herself".

Thus, the prohibition of using full-face veil necessarily implies the restriction on the expression of thought, religious freedom and privacy. In the legal reasoning of the case of S.A.S. v. France, the European Court of Human Rights recognized the question of freedom as the main legal issue to be analyzed. (articles 8, 9 and 10 of the Convention for the Protection of Human Rights and Fundamental Freedoms).

In this sense, legal pragmatism of Oliver Wendell Holmes Jr. can contribute to the debate on the democratic legitimacy of the decision taken by the European Court of Human Rights, especially in light of its views on freedom of expression and manifestation of thought.

Pragmatic legal thought finds its most important expression in Oliver Holmes Jr. His methodological skepticism about the statutory law leads to a mistrust of essentialist postures, questioning legal positivism and its defense of central authority and legislation. The critique of analytical approach means a support for common law method, more plural about the sources of the law. This clearly influenced his view on freedom of expression.

The fundamental value of this principle exists precisely because the ideas should always go through the test of experience and should never be under the tutelage of any group or person, approximating legal pragmatism to the tradition of liberalism and individualism found in Hayek and Popper.

In this case, Holmes' ideas seem to put into question the decision of the European court which is here being analyzed. From a pragmatic point of view, it is necessary to examine whether the wearing of the burqa or niqab in public can cause the so-called "clear and imminent danger" that serves as a limit to the freedom of speech and expression of thought. It is, therefore, a decision with fertile ground for pragmatic analysis.

6.2. Pragmatism as a theory of law: main characteristics

Holmes' legal pragmatism is an evident example. The central concern of Holmes' pragmatism is about what the courts do and how they do it. How do the judges really decide and reason their decisions in particular cases? (HERBET, 1983, p. 123)

In his paper, *The path of the law*, Holmes (2010, p. 173) defines the law as a whole of prophecies about what would judges do in each concrete case. The expression "legal realism" applied to Holmes indicates this vision according to which law must be understood in reality, not in abstract concepts. In other words, the reality of law is not on abstract texts, but in the history of judicial decisions. This explains the similar expression in appointing Holmes as a legal realist or a legal pragmatist.

Here, I will not question the difference between the terms "legal realism" and "legal pragmatism". The attention to psychological themes, a claim for functional attitude and a political approach is normally connected to "legal realism", rather than "legal pragmatism". Also some theorists, like Frederic Kellogg and Richard Posner, call Holmes a "legal pragmatist" instead of "legal realist". For the purposes of this paper, the important thing is to understand Holmes' approaches to the common law method (HORWITZ, 1993, p. 66).

With Charles Sanders Peirce, pragmatism is described as a philosophy of action. The effects of a given object are defined by its practical consequences in reality. As the effects depend on the context of action, pragmatism is also an antiessentialism.

So, it is not possible to determine all effects of any object immediately or in the future, because the conception of the effects is limited by the context of investigation, historically conceived (PEIRCE, 14980, p. 124).

Essences and concepts make sense only if they have practical effects in the world. Intrinsic characteristics are only characteristics that refer themselves to practical effects that the object will generate in the environment. Peirce's pragmatism is a representative of the empiricist tradition, critical to Descartes' thought.

For Peirce (1980, p. 121), the idea is not generated by pure thought, but by facts and empiric observation. Belief is, actually, a form of creating a habit. A rule for action. In this way, different beliefs distinguish themselves by the different habits they provoke. Then, as pragmatism is a philosophy of action, it is based on the idea of practical consequences of concepts.

There is a clear relation between pragmatism and a historical and experimentalist view connected to scientific method, as we will see further. Pragmatism defends the need to submit our intellectual beliefs to the experience test, considering all practical consequences that could happen (REGO, 2003, p. 238-241).

Holmes' conception about consequences can be immediately connected to an epistemological posture. We should not describe rights and duties independently of the practical consequences of their breach. This is strictly related to Holmes' theory of prediction. In *The path of the law*, Holmes defines law as a whole of prophecies about what would judges do in each concrete case along history. This means an evident appeal to consequentialism and empirism. The law is limited to the predictions about practical consequences of human action. "The prophecies of what the courts will do in fact, and nothing more pretentious, are what I mean by the law" (HOLMES, 2010, p. 173).

In Holmes' words (2010, p. 168):

> "These are what properly have been called the oracles of the law. Far the most important and pretty nearly the whole meaning of every new effort of legal thought is to make these prophecies more precise, and to generalize them into a thoroughly connected system".

History plays an important part in studying law, because judges and also law students must reconstruct history of law as a coherence exigency. Each new legal decision is a form of continuity. That is why Holmes affirms: "The rational study of law is still to a large extent the study of history" (HOLMES, 2010, p. 186).

Holmes advocates that pragmatism must first follow the existing body of dogma, then to discover from history the reason why it is what it is, and finally, to consider the ends of the law and how to accomplish them. The pragmatic man should seek the social consequences of law. The role of the judges involves "their duty of weighing considerations of social advantage".[26]

Richard Posner argues that legal pragmatism is a claim for an

---

26 Nevertheless, pragmatism must also spend his time in studying the ends of the law. It is the aspect of pragmatism that points to the future. Therefore, Holmes emphasizes the importance of economic consequences. In his own words, "As a step toward that ideal it seems to me that every lawyer ought to seek an understanding of economics", and "The man of the future is the man of statistics and the master of economics" (HOLMES, 2010, 184-198).

adjudication based on analyzing economic consequences of judicial decision. The basic assumption of his "law and economics" theory is that the individual is a rational maximizer of its own satisfactions. As this includes both criminals and parties to a contract, the principle of wealth maximization has evident application in law. In its descriptive approach, positive economic analysis of law defends that "common law adjudication brings the economic system closer to the results that would be produced by effective competition" (POSNER, 1983, p. 5, 2007, p. 473-474).

In its normative approach, law and economics advocates a judicial activism. What does it mean? Judges should, in deciding hard cases, analyze the economic consequences of their decision, choosing the best public policy, that one which favors wealth maximization. Posner wrote that efficiency "is an adequate concept of justice that can plausibly be imputed to judges, at least in common law adjudication" (POSNER, 1983).

Seeing himself as a pragmatist, Posner tends to affirm the compatibility of his defense of wealth maximization with pragmatic postulates. Pragmatism is an empiricist view of law, so, it should be easy to accept the interdisciplinary interference of economics. The economists investigate facts to anticipate possible consequences of judicial decisions, which is central to a pragmatic analysis (POSNER, p. 60).

He concedes that there are possible questionable ethical consequences in the application of wealth maximization principle, mainly when individual guaranties are in opposite side of collective increase of wealth. An important critique to normative theory of wealth maximization is that some political values, like liberty, are extraneous to the idea of wealth maximization. Liberty has a value in itself. Regardless the calculus, we choose to live in a free society.

Posner (2007, p. 516) does not use a moralist argumentation. He rejects both libertarianism and egalitarianism. In a pragmatic point of view, it is the experience and history that demonstrate the efficiency and triumph of wealth maximization in democratic societies.

This is consistent with an evolutionary approach like the one we present below. That is why the utilitarian approach is partially rejected by Posner: The ethics of wealth maximization can be viewed as a blend of these rival philosophical traditions. Wealth is positively correlated, although imperfectly so, with utility, but the pursuit of wealth, based as it is on the model of the voluntary market transaction, involves greater respect for individual choice than in classical utilitarianism (POSNER, p. 66).

In creating common law, judges should make a choice between two or more public policies. Their choice is oriented by the results of researching and evaluation of consequences of alternative options. The consequences involve not only the specific case, but also the rule of law and the society as a whole. But the strictly legal material is only used to help establishing an initial orientation, providing specific data and as source of limitations of the possible policies to be chosen. These serve, nevertheless, for a previous control of judges choices (POSNER, 2007, p. 178).

It is possible to say, in this context, that judges are more prepared than legislators to face this challenge. Judges are not exposed to the lobbies that pressure legislators and politicians. In this aspect, judicial independence makes legislators more limited than judges (POSNER, 2010, p. 223).

6.3 Evolutionism and pragmatism: The Common Law Method

Holmes' (2007, p. 40) pragmatism is also a rejection of legal positivism. Therefore, it is a theory of law which defends a socially rooted inquiry with important parallels with Peirce's philosophy. It is an application even more conservative than that of Dewey or, more recently, of Rorty.

There is an important dualism in theory of law. In England, it is clearly represented by two different legal theorists: Hobbes and Edward Coke.

Edward Coke says in his *Institutes of the Laws of England* that "The common law is the absolute perfection of reason". This reason, however, is not a Cartesian one. It is inseparable from the particular cases decided by the judges and not based only on rules and abstract principles.

Common Law is an unwritten and decentralized law, rooted in historical maxims and customs. Legislation, in this scenario, has to be merely declaratory or remedial of defects of Common Law. Coke and also Blackstone were critical of legislation, because it was product of a temporary consensus or of a centralized power (KELLOGG, 2007, p. 49).

According to Hobbes, though, common law is not about reason, because its decisions come from incoherent sources, where every man alleges for Law his own particular reason. So "individuals will disagree about legal questions according to their different interests". This implies that common law does not come from a unified reason, but from a set of views of a set of uncoordinated individuals (KELLOGG, 2007, p. 50).

Coke (1826) and the tradition of common law method do not disagree about relativity of interpretation of law, although, it does not mean there is no reason or stability in law. According to Coke, "the best interpreter of the law is custom". This means a communal action by the judges and other actors of jurisprudence building the law in history.

The word "reason", therefore, has at least two different meanings. As Fredrick Kellogg (2007, p. 49) affirms:

> "It may be misleading to describe this reason as internal to the law, as it reflects the fact that cases are the by-product of problematic interaction among humans engaged in social and economic activities, which fall naturally into patterns that might qualify as "custom", from which reason cannot be detached. It is distinct, then, from the meaning given to the term by Hobbes".

Hobbes' disagreement with this view is centered in the question of authority and obedience. Without a single source of command, one can use his own reason to disobey the statute law. So, law, to be rational, has to have only one source of command, and common law model is definitely not an example of centralization. [27]

> "Hobbes could not appreciate the common law argument from custom and practice, because he could not see how custom or precedent could have any special authority apart from their explicit adoption into the law by an empowered sovereign on strictly legal

---

[27] Hale also uses this argument in favor of common law.
"Againe I have reason to assure myself that long experience makes more discoveries touching conveniences or inconveniences of laws than is possible for the wisest consill of men att first to foresee" (HALE, 1971).

or equitable grounds" (KELLOGG, 2007, p. 49).

Holmes gave common law a theory, as had the English scholar-judges of the seventeenth and eighteenth centuries. At the time he wrote, the analytical school, also called positivist school, was represented by Austin and Bentham and dominated legal scholarship.

Positivism was a reformist doctrine, based on Hobbesian statement that law was the command of sovereign. Law was an instrument of the government to improve the utilitarian purpose: the greatest good of the greatest number of people.

Much of Holmes' work should be seen as an attack on this philosophy and a defense of common law. Legal pragmatism can be seen as an eclectic theory, which sees legislation as only one among other sources of law. The tradition of common law is in contrast with positivism, as an acentric legal order better explained by history than static analysis (KELLOGG, 2007, p. 56).

Legal positivism enables the fallacy that the only force in development of the law is logic, and in the beginning of *The common law*, Holmes says that "the life of the law has not been logic, it has been experience" (HOLMES, 1881).

When criticizing legal positivism, Holmes (2010, p. 180) affirms: "You may assume, with Hobbes and Bentham and Austin, that all law emanates from the sovereign, even when the first human beings to enunciate it are the judges".

However, common law is not strictly made by judges. All the experience the judges take into account in their adjudication comes from some consensus among judges, lawyers and litigants. According to Holmes, "a well settled legal doctrine embodies the work of many minds, and has been tested in form as well as substance by trained critics whose practical interest it is to resist it at every step" (KELLOGG, 2007, p. 56).

Legal Pragmatism does not reject legislation. Statutes are part of the development of law and a historical analysis has to understand their aspects. But the rejection of positivism implies the rejection of legislation as the only form of law.

As we can see, the dispute between common law and positivistic theories can be traced to a period of competition for power, raising issues of who controls the law. This is the difference between a collectivist approach from an individualistic one. When denying that law can be a product of a single mind or of a limited group of individuals (even scientists), Holmes is in evident parallel with Hayek's theory about the evolution of the society.

This issue has a consequence in defining liberty. According to Hayek, there are two different traditions in the theory of liberty. The first is empirical and the second is rationalistic. The second is aimed in an attempt to construct an "utopia". But the first is "based on an interpretation of traditions and institutions which had spontaneously grown up and were imperfectly understood" (HAYEK, 1989, p. 108).

The first view of freedom is rooted in the tradition of English jurisprudence and common law. As an opposition, the second is the tradition of Enlightenment and the Cartesian rationalism. The difference between these two views is clearly a difference in methodology. "Trial and error" procedures versus "doctrinaire deliberateness". "Absence of coercion" versus "liberty as a pursuit of an absolute collective purpose".

Morals, law and language have evolved by a process of cumulative growth and it is only with and within this framework that human reason has grown and can successfully operate. There is no previous independent Cartesian human reason that created these institutions or created the social contract.

This debate appears clearly in the theory of law. The Enlightenment positivist tradition of Hobbes also enables a "design" view of law and liberty. When Hale criticizes Hobbes, he emphasizes the long term experience in law as a better approach for justice than a council of men.[28]

In social evolution, it is not the selection of physical properties that matter, but the selection by imitation of successful institutions. As Hayek says, these evolutionary theorists "find the origin of institutions, not in contrivance or design, but in the survival of the

---

[28] Hale also uses this argument in favor of common law. "Againe I have reason to assure myself that long experience makes more discoveries touching conveniences or inconveniences of laws than is possible for the wisest consill of men att first to foresee" (HALE, 1971).

successful" (HAYEK, 1989, p. 112).

An evolutionary theory is also a kind of methodological skepticism. The fallibility of man justifies the skeptical notion of limits of knowledge. Any notion based on perfection of man is immediately linked to the rationalistic view. In opposition, "Those who believe that all useful institutions are deliberate contrivances and who cannot conceive of anything serving a human purpose that has not been consciously designed are almost of necessity enemies of freedom. For them, freedom means chaos" (HAYEK, 1989, p. 112).

But freedom is not necessarily chaos. The experience is not an experience of one man, but of generations. So, law and the institutions we inherited have emerged from this long process. "We understand one another and get along with one another, are able to act successfully on our plans, because, most of the times, members of our civilization conform to unconscious patterns of conduct, show a regularity in their actions that is not the result of commands of coercion, often not even of any conscious adherence to known rules, but of firmly established habits and traditions". [29]

Holmes (1881, p. 36) sought to trace legal ideas to unconscious elements implicit in the language and institutions of the law. "The truth is, that the law is always approaching, and never reaching, consistency. It is forever adopting new principles from life at one end, and it always retains old ones from history at the other, which have not yet been absorbed or sloughed off. It will become entilery consistent only when it ceases to grow". It means a defense of an evolutionary theory that concerns about community and its evolution from primitive forms to an evolved society of a complex culture. Thus, Holmes theory was developmental, analyzing legal concepts in the context of their historical emergence and growth.

The evolution of the law reaches a clearly individualistic principle: the greatest possible degree of individual freedom. Primitive societies were based on a policy of satisfying the instinct of revenge, keeping the peace and security. The complex modern society added the principle of allowing the greatest degree of personal freedom to the extent of the prohibition of harm to others.

---

[29]"We must always work inside a framework of both values and institutions which is not of our own making" (HAYEK, 1989, p. 123).

That is why in a free society there will be little danger of following wrong beliefs. In a society where the individuals are free to choose their way of practical life, the wrong beliefs are self corrective. The moral principles that limit the individual action, like individual freedom, are developed very slowly. That's why they are so precious.

Freedom of speech is a concept linked to the recognition of a private sphere protected from coercion. The legal protection of freedom of speech in general, leads to a long-term consequence of social advantage, like democracy and the rule of law. So, it's not only consequentialism that justifies the protection of liberty.[30]

The epistemological approach of legal pragmatism is close to the liberal individualism found in Hayek. This interpretation is an application of the epistemological view of pragmatism and liberalism. The opinions and manifestations in general must be free, because even a wrong opinion has a portion of the truth. Only with the contraposition of contrary opinions, it is possible to achieve the truth (WEINSTEIN, 1999, p. 04).

6.4 The limits of freedom of speech in legal pragmatism

Holmes argued that there are no true or false ideas, *a priori*. Ideas are only true or false when they operate in the public discussion. So it should not lie with the State the role of a "censor", deciding which idea may or may not be removed from the speech, saying it was erroneous or inappropriate (KAGAN, 1996, p. 413-428).

The debate about hate speech represents an important guide to understand the pragmatic legal tradition about freedom of speech. In The *Beauharnais v. Illinois* case (1952) (ESTADOS UNIDOS, 2014), the Supreme Court declared the constitutionality of the statute that claimed to be unlawful the distribution, by anyone, of any publication that represent depravity, criminality, promiscuity or lack of virtue of a class of citizens of any race, color, creed, or religion, or submit these to insult, denigration or slander, or disturbs

---

[30] "The argument for liberty, in the last resort, is indeed an argument for principles and against expediency in collective action, which, as we shall see, is equivalent to saying that only the judge and not the administrator may order coercion".(HAYEK, 1989, p. 129).

the peace or promotes riots (BRUGGER, 2007).

The statute was applied in the criminal conviction of an individual who promoted the distribution of racist pamphlets in Chicago. Supreme Court upheld the conviction, considered the statute constitutional and validated the idea of group libel (SARMENTO, 2010, p. 213).[31]

But in 1969 the US Supreme Court position about free speech became more libertarian with the *Brandenburg vs. Ohio* case. It was also about rate speech. A Ku Klux Klan discourse about discrimination against blacks and Jews.[32]

Supreme Court held that the words did not represent a danger of an imminent unlawful action against blacks. In that case, the statute was declared unconstitutional because it punished the defense of an idea and that is a violation of freedom.

In *Collin vs.Smith* (1978) we read the epistemological basis for the decision in favor of freedom: "Under the First Amendment there is no such thing as a false idea. However pernicious an opinion may seem, we depend for its correction not on the conscience of judges and juries but on the competition of other ideas. The asserted falseness of Nazi dogma, and, indeed, its general repudiation, simply do not justify its suppression".

The central question is about who should decide what ideas or expressions are going to be accepted or not. Oliver Holmes Jr. defended, in his decisions in Supreme Court and in his writings, that the individuals should make these decisions.

But, according to Posner, the pragmatic judge should compare the social pros and cons of the restriction of expression the

---

[31] E Daniel ainda cita trecho da decisão do *Justice* Frankfurter: "[as ofensas pessoais] não são parte essencial de qualquer exposição de ideias, e possuem um valor social tão reduzido como passo em direção à verdade que qualquer benefício que possa ser derivado delas é claramente sobrepujado pelo interesse social na moralidade e na ordem. (...) O trabalho de um homem, as suas oportunidades educacionais e a dignidade que lhe é reconhecida podem depender tanto da reputação do grupo racial ou religioso a que ele pertença como dos seus próprios méritos. Sendo assim, estamos impedidos de dizer que a expressão que pode ser punível quando imediatamente dirigida contra indivíduos, não possa ser proibida se dirigida a grupos."

[32] Brandemburg, inclusive, usou a frase: "os crioulos (nigger's) deveriam ser devolvidos para a África e os judeus para Israel." (SARMENTO, 2010, p. 214).

proponent is questioning. We should interpret cost and benefits not only in monetary terms. Balancing pros and cons of the restriction of liberty is also about values that are not submitted to monetary quantification. Posner is careful not to make a classical confusion. Pragmatism and consequentialism are not synonymous. So, although liberty and, specifically, freedom of speech is not an absolute, its restriction should be justified with a clear and evident risk of depriving society of other great values in the use of some "speech" (POSNER, 2010, p. 280).

Whilst maintaining that freedom of expression is not an absolute, Holmes was a supporter of the idea that it can only be questioned in cases of grave danger, creating a whole libertarian constitutional doctrine on the subject in the US Supreme Court. Holmes argues that freedom of speech must be recognized even in relation to what causes great repulse in society. He also defended, in the Supreme Court of the United States and in his works, that only individuals could decide the ideas that they would support or reject, without any centralized prior regulation.

Holmes argued in his judgments in Schenk v United States and Abrams vs. United States that the hateful ideas would disappear naturally. They would lose the strength in the "free market of ideas". But in speaking of "pragmatic balancing," Holmes also affirms that we should examine the consequences of the decision and not just the literal expression of the constitutional text, analyzing the costs of damage to these fundamental rights when judging a legal case.

In the Schenck case, Holmes used the legal pragmatism balancing method to establish the limits of freedom. It was about the distribution of thousands of flyers to American servicemen drafted to fight in World War I. The flyers asserted that the draft amounted to "involuntary servitude" proscribed by the Constitution's Thirteenth Amendment (outlawing slavery). Schenck was charged with violating the Espionage Act. The Supreme Court upheld Schenck's conviction and ruled that the Espionage Act did not violate the First Amendment. HOLMES delivered the opinion of the court and said that the first amendment is not applied when the action creates a **clear and present danger**:

> "The most stringent protection of free speech would not protect a man in falsely shouting fire in a theatre and causing a panic. It does not even protect a man from an injunction against uttering words

that may have all the effect of force. The question in every case is whether the words used are used in such circumstances and are of such a nature as to create a clear and present danger that they will bring about the substantive evils that Congress has a right to prevent. It is a question of proximity and degree" (POSNER, 2010, p. 278-280).

In *Abrams vs. United States,* he understood the case differently, and gave a dissent opinion were we read:

"But, as against dangers peculiar to war, as against others, the principle of the right to free speech is always the same. It is only the present danger of immediate evil or an intent to bring it about that warrants Congress in setting a limit to the expression of opinion where private rights are not concerned. Congress certainly cannot forbid all effort to change the mind of the country" (POSNER, 2010, p. 278-280).

Both cases were about propaganda against First World War. Using the same principle, Holmes gave two different interpretations in applying the first amendment. It is not a contradiction. It is about intensity and degree of the probable evil each action should cause.

In Schenk case, there was the probable and imminent evil while in Abrams, Holmes thought that "nobody can suppose that the surreptitious publishing of a silly leaflet by an unknown man, without more, would present any immediate danger that its opinions would hinder the success of the government arms or have any appreciable tendency to do so" (POSNER, 2010, p. 278-280).

What about the prohibition of wearing the full-face veil? Would it be interpreted as a proportional restriction on liberty? The decision of the European Court, here analyzed, stated that the restriction of liberty to wear full-face veils is to be justified with the aim of protecting the idea of "living together", going far beyond any consideration of risk of violence in using the full-face veil.

Literally:

"The Court finds that the ban imposed by the Law of 11 October 2010 can be regarded as proportionate to the aim pursued, namely the preservation of the conditions of "living together" as an element of the "protection of the rights and freedoms of others"".

Although using the proportionality as a method, it is obvious that the consideration for an abstract principle as the preservation of the conditions of "living together" as an element of the "protection of the rights and freedoms of others" is far from a legal pragmatic view of freedom.

Actually, this vision is radically different of Holmes' opinions in adjudication involving the first amendment of American Constitution. Holmes' interpretation of first amendment is close to the liberalism of Hayek, because the social experimentation has to be done by the individuals using the right guaranteed in the Constitution.

Holmes' theory of the free market of ideas is not a metaphor about economics. The competition of the ideas is actually a kind of market. When this market is free, people are going to choose the better ideas instead of the bad ones, without any state or legislative coercion. This process is dynamic, of course, but like in the free market of shoes, coffee or any other good, better ideas tend to be accepted over the bad ones. It is not wise to prevent a new competitor to enter the market. New ideas only can be tested if there are no previous legal restrictions for their propagation.[33]

This is the spirit of the common law method and the reason why Holmes legal pragmatism supports it. Thus, Holmes argues that fallacies and falsehoods of the oppressor's speeches should be fought not with silence, but with more debate and more freedom of expression and religious manifestation. Censorship should only be adopted when the evil we want to avoid is relatively serious and imminent.[34]

---

[33] We must remember, however, that restriction on pornography or other discourses that offend deep emotional and moral values. They are not based on a risk of violence. So, the clear danger of some man shouting "fire" in a movie theater is not the only example of a justified restriction under the first amendment.

[34] In Brazilian constitutional law, even when we talk about hate speech, the Brazilian supreme court (Supremo Tribunal Federal) states a clear libertarian position. Three of the eleven judges stated that writing a anti-Semitism book should not be considered a crime. In the famous Ellwanger case, Ayres Britto claimed that, although He had many restrictions about the racist discourse os Ellwanger, there should not be a prohibition of defending any ideology. In another famous judgment, about restrictions to exercising the profession of journalism, Gilmar Mendes argument that the professional qualifications can only be demanded from the professions that can cause a clear risk of damage to the people in general. So, legislators cannot require any specific qualifications for the exercise of journalism. It is considered a evident violation os the freedom of speech principle. In according to Gilmar Mendes, the essential question in debate is that journalism is a special

Wearing a full-face veil is not the case.

---

profession because it is closely linked to the full exercise of the freedom of expression and information.

LAW AND ECONOMICS, CONSEQUENTIALISM AND LEGAL REALISM: THE INFLUENCE OF OLIVER HOLMES JR.

7.1 Introduction

Legal pragmatism is presented by Richard Posner as a corollary of an economic vision of law, so, this paper aims to present the similarities and differences between Posner's defense of law and economics and Holmes' legal realism. The investigation is centered in the arguments of economic consequences of judicial decisions, which is the basis of a pragmatist view of law, according to Posner. This paper is going to examine the alleged proximity between law and economics and Holmes' legal realism, showing also the differences between one and another.

The economic approach of Posner defends both a descriptive and a normative thesis. According to the first one, the judges who forged the Common Law build the law in accordance with the wealth maximization premise. The normative thesis would say that this is the best way to decide a legal case.

The normative thesis indicates the path of what would be called a "judicial activism", where the consequences of decision are more important than any previous premises (statutes or precedents). This paper is concerned specifically with the normative thesis applied to the judicial adjudication.

Herbert Hart (1983, P.123) defines American theory of law as absolutely centered on judicial adjudication. Holmes' legal realism is an evident example. The central concern of Holmes' legal realism is about what the courts do and how they do. How do the judges really decide and reason their decisions in particular cases?

In his paper, *The path of the law*, Holmes defines law as a whole of prophecies about what would judges do in each concrete case (HOLMES, 2010, p. 173). The expression, "legal realism" applied to Holmes indicates this vision according to what law must be understood in reality, not in abstract concepts. In other words, the judicial decisions are the reality of law and this reality is not on abstract texts, but in the history of judicial decision. This explains the similar expression in APPOINTING Holmes and Cardozo as legal realists or legal pragmatists.

I will not question the difference between the terms "legal realism" and "legal pragmatism". The attention to psychological themes and a claim for functional attitude is normally connected to realism, rather than pragmatism. Also some theorists, like Frederic Kellogg, call Holmes a "legal pragmatist" instead of "realist". I will use both terms as synonymous. For the purposes of this paper, the important thing is to compare Posner's and Holmes' approaches to judicial adjudication (POUND. 1993; KELLOGG, 2007).

The most important difference between Posner and Holmes is what follows. In spite of the pragmatic foundations of Posner's theory of judicial adjudication, we can not justify a judicial activism based in economic arguments in Oliver Holmes' legal pragmatism. On the contrary, his theory about prediction in law is more concerned about a judicial restraint.

Consequentialism in Holmes is based on a teleological interpretation of existing rules. It is important that the judge does not decide based on a specific economic theory. Also, legal pragmatism does not advocate abandoning the tenets of positivism that form the basis for the rule of law.

Holmes argues in favor of the Common Law method and

defends an eclectic vision of law and its fonts, but legal pragmatism is closer to the idea of a judicial restraint. Some characteristics of legal pragmatism are actually compatible with the proposals of legal positivism, notably with what Americans call *Analytical jurisprudence.*

So, this approach to Holmes tends to draft an objective view of law and legal adjudication, keeping aside the idea, normally attributed to Holmes' legal realism, that law is just the result of subjective creation of judges or of arguments of public policy.

7.2 The normative economic approach: discretion and creativity in judicial adjudication

The central issue that is going to be discussed here is: should be possible to withdraw a statute or precedent in favor of a decision based on arguments about economic consequences? The rejection of a legal rule should be interpreted as a violation of rule of law?

Richard Posner argues that legal pragmatism claims for an adjudication based on analyzing economic consequences of judicial decision. The basic assumption of law and economics theory is that individuals are rational maximizers of their own satisfactions. As this includes both criminals and parties to a contract, the principle of wealth maximization has evident application in law. In its descriptive approach, positive economic analysis of law defends that "common law adjudication brings the economic system closer to the results that would be produced by effective competition" (POSNER, 1983, 2007).

But the interest of this paper is the normative part of economic analysis of law. In essence, law and economics theory, in its normative approach, advocates a judicial activism. What does it mean? Judges should, in deciding hard cases, analyze the economic consequences of their decision, choosing the best public policy, that one which favors wealth maximization. Posner wrote that efficiency "is an adequate concept of justice that can plausibly be imputed to judges, at least in common law adjudication" (POSNER, 1983, p. 06).

As we note, this activism is justified only in hard cases, when the judges are more accurately seen as policy maker than as a conventional jurist or lawyer. Sometimes, judges are as free from previous rules as a traditional politician (POSNER, 2007, p. 175).

Seeing himself as a pragmatist, Posner tends to affirm the compatibility of his defense of wealth maximization with pragmatic postulates. Pragmatism is an empiricist view of law, so, it should be easy to accept the interdisciplinary interference of economics in law. The economists investigates facts to anticipate possible consequences of judicial decisions, which is central to a pragmatic analysis (POSNER, 2010, p. 60).

He concedes that there are possible questionable ethical consequences in the application of wealth maximization principle, mainly when individual guaranties are in opposite side of collective increase of wealth. An important critique to normative theory of wealth maximization is that some political values, like liberty, are extraneous to the idea of wealth maximization. Liberty has a value in itself. Regardless the calculus, we choose to live in a free society.

The examples used by Dworkin to criticize wealth maximization are dealing exactly this initial distribution of rights. Dworkin discerns that economic analyzes of law, in its normative approach, may legitimate slavery, if it increases the amount of happiness in society. In his example, Agatha is a brilliant writer, but prefers to work in a less remunerative activity. If Agatha were a slave, the owner of her labor would compel her to write, increasing the wealth of society. This demonstrates that wealth maximization is not a good parameter of justice (DWORKIN, 2000, p. 378).

Posner's (1983, p. 110) response is his compromise with freedom and its immediate consequences in wealth maximization. So, "if Agatha were free she almost certainly could – not would – write more detective stories than she would write if she were a slave".

If this is correct, she would buy her freedom back because her labor as a slave would worth much less than it would if she were free. This leads to the argument that, independently of initial assignment of rights, the result would be the same. To minimize the costs of transactions, it is better to make her free.

This is, however, a weak argument for a moralist. Therefore, when advocates economic freedom and wealth maximization, Posner (2007, p. 516) does not use a moralist argumentation. He rejects both libertarianism and egalitarianism. In a pragmatic point of view, it is the experience and history that demonstrate the efficiency and triumph of wealth maximization in democratic societies.

Hart (1983, p. 143) also highlights the utilitarian influence on economic analysis of law. But the utilitarian approach is partially rejected by Posner (1983, p. 66):

> The ethics of wealth maximization can be viewed as a blend of these rival philosophical traditions. Wealth is positively correlated, although imperfectly so, with utility, but the pursuit of wealth, based as it is on the model of the voluntary market transaction, involves greater respect for individual choice than in classical utilitarianism.

So, wealth maximization should be considered a guide. An instrument to support the judge in his analysis of policy. But not merely a guide. Common Law facilitates the exchanges and, accordingly, wealth maximization is also a social value which serves as reference to criticize inefficient law decisions in an economic point of view. In pragmatic view, judges provide a public service. The service of legitimate solution of conflicts. But they provide this service not only by applying the legislative rules, but by creating the Common Law (POSNER, 2007, p. 477).

In creating Common Law, judges should make a choice between two or more public policies. His choice is oriented by the results of researching and evaluation of consequences of alternative options. The consequences involve not only the specific case, but also the rule of law and the society as a role. But the strictly juridic material is only used to help establishing a initial orientation, providing specific data and as source of limitations of the possible policies to be chosen. These serve, nevertheless, for a previous control of judges choices (POSNER, 2007, p. 178).

It is possible to say, in this context, that judges are more prepared than legislators to face this challenge. Judges are not exposed to the lobbies that pressure legislators and politicians. In this aspect, judicial independence makes legislators more limited than judges. We can not say which one is more constrict. To accept judicial freedom is to accept that judges are public policies formulators, specially when facing a hard case. The most important thing about pragmatic adjudication is efficiency. To suppress any creative function of the judge is to sacrifice efficiency. This version of Posner's (2007, p. 177) pragmatism will be mitigated later.

Posner calls the legalistic argument against judicial activism "pedigree argument". This argument is based on the legitimacy of state in producing law. Since Hobbes, this is the essence of legal positivism. Posner seems to understand that basing legitimacy of judicial decision in a previous text, like positivism does, or, somehow, also Dworkin does, would be an appealing to an specific political theory. The judges are compelled to decide based on previous political decisions only in a specific political theory: liberalism. Pedigree approach maintains that judicial decisions must be observed because they are reasoned in political decisions of the past. Posner claims for a different approach. Judicial decisions must be observed because they are just. If a statute or a precedent is unjust, a judicial decision reasoned in these unjust statements would not be considered a just decision (POSNER, 2007, p. 181-183).

The question is what follows: how can we achieve the virtues of rule of law without appealing to the pedigree approach? This is the challenge for a contemporary pragmatist theory of law.

Posner's legal pragmatism should be understood as a concern about the future in legal adjudication. Contemporary citizens should not be governed only by decisions made in the past. Judges must not forget public opinion about the future in their decisions. It demonstrates a clear preference for judicial activism, including in American constitutionalism, when the supreme court must decide about constitutionality of statutes.

Pedigree approach has a tendency to separate morals from law in a absolute way. According to positivism, moral conceptions must not interfere in judicial decisions, unless they are part of the previous texts considered law. But even the pedigree approach must admit some spaces of freedom in legal adjudication. This open area enables the application of moral principles by judges. As we can see in Harts response to Dworkin in his postscript in *The concept of law*, this open area is also an "open texture" of legal norms (HART, 2001, p. 137 e ss).·

In Dworkin (2001, p. 17), however, this "open texture" is something to criticize in positivism. Moral principles are part of law and can not be excluded by pedigree approach. This is part of his critics about what he calls "the model of rules". Dworkin advocates that positivism is overly arbitrary because of the open texture.

The problem is that, in law and in economy, hard cases do not exist on the abstract level of norms, but on the application level. It means that agreement with economic or juridic principles do not guarantee any specific result of the decision process. Normally, disagreement is in how the concrete case should be viewed by the law. Concrete cases sometimes involve unforeseen situations (POSNER, 2007, p. 188).

Posner (2007, p. 189) thinks that any position that eliminates judicial creativity is dependent of an unnecessary idolatry toward the authors of constitutions and statutes. It does not mean that judges are better than legislators, but that statutes and constitutions, alone, are not able to resolve concrete cases. There is always some space for discretionary decision in law. It is not clear how to deduce correct public policies from as general proposition like constitutional principles. Constitutional texts are often representing different political views and this is the reality of Brazilian constitution.

Pure positivism leaves no place for debating development of law by judges. That is the specific part of legal positivism that pragmatism does not embrace. In pragmatism, the state is not the exclusive source of all law and legal rationality (KELLOGG, 2007, p. 102).

Posner (2008, p. 199) thinks that the environment of American law does not embrace legalistic view of interpretation and judicial restraint:

> Has we more professional, more disciplined legislative bodies, a constitutional convention in continuous session, a federal commission to revise statutes, a counterpart to the Sentencing Commission for every area of federal law, then the judges could take a backseat as foreign do. But none of these conditions for judicial passivity in interpretation is satisfied.

Therefore, in a clear pragmatist attitude, Posner defends formalism only in a forward-looking assessment of the consequences. If the environment was different, legalistic view of interpretation could be used in a pragmatic way.

Actually, pedigree approach has only a rhetorical function. A rhetoric of certitude. It enables social stability. Legalism gives judicial adjudication an apparent intellectual rigor. Also, legalism provides a backward looking in judicial adjudication that reflects the state of knowledge from the time of promulgation of the statute, precedent or constitution (POSNER, 2008, p. 176-177-252).

7.3. Separation between law and morals in Holmes' theory

Holmes is, in another important aspect, away from judicial activism found in some writings of Richard Posner. There is a skepticism about principles which involves not an absolute, but an important separation between law and morals in Holmes' thought. "For his skepticism about principles Holmes was posthumously criticized as an amoral authoritarian positivist, obscuring his true position" (KELLOGG, 2007, p. 59).

Obviously, Holmes is not an "amoral positivist", but his view about principles puts him in the same side of judicial restraint theories rather than judicial activism.

The distinction between morals and law is related do his theory of bad man.

> If you want to know the law and nothing else, you must look at it as a bad man, who cares only for the material consequences witch such knowledge enables him to predict, not as a good one, who finds his reasons for conduct, whether inside the law or outside of it, in the vaguer sanctions of conscience (HOLMES, 2010, p. 171).

We have already seen the theory of prediction, according to which "a legal duty so called is nothing but a prediction that if a man does or omits certain things he will be made to suffer in this or that way" (HOLMES, 2010, p. 168 e 173). This means that the "sanctions of conscience" have no interest in law because they do not cause any practical consequence.

This is Holmes' view of morals, considered only in its subjective sense. Even the moral concepts present in law must be interpreted in the pragmatic point of view. The bad man does not care about the abstractions, principles, axioms or deductions in law. He cares only to know about the real courts decisions.

This is a form of skepticism about general propositions. It is linked to the fact that pragmatism believes general propositions are not able, alone, to resolve concrete cases. The history and facts of the case are the elements to inform judges, not some general principle. In his dissent in Lochner case Holmes wrote: "General propositions do not decide concrete cases. The decision will depend on a judgment or intuition more subtle than any articulate major premise" (HOLMES; HORWITZ, 1993, p. 26).

Principles are also general propositions and they can not reason a hard case decision because they involve unforeseen cases and special social circumstances. The use of arguments based on general propositions of moral kind hides true reason of decision. It is in this sense that Holmes defends that law can only be apprehended in concrete reality.

As we have already said, hard cases do not exist on the abstract level of norms, but on the application level. So, agreement with principles does not guarantee any specific decision. Legal reasoning needs more that mere appealing to principle.

This advice is specially destined to the activism of USA Supreme Court when judging labor cases. The fear of the word "socialism" led many to ignore demands for social legislation. Holmes defends a judicial restraint in these economic themes, as to provide a social experimentation before judging its constitutionality.

A clear example is Lochner v. New York:

> Some of these laws embody convictions or prejudices which judges are likely to share. Some may not. But a Constitution is not intended to embody a particular economic theory, whether of paternalism and the organic relations of the citizen to the State or of *laissez faire* (HOLMES, HORWITZ, 1993, p. 26).

This interpretation of judicial adjudication puts the contemporary followers of Holmes in the opposite side of Posner's defense of a economic approach. But Holmes emphasizes the danger of subjectivity, with which Posner would certainly agree. Policy is a more objective way of legal reasoning than moral principles or specific economic theories. That is the place Posner wants for "wealth maximization": an objective guide.

The rejection of principle is not an absolute incompatibility with wealth maximization principle, but a different focus in analyzing social consequences:

> Holmes rejected judicial appeal to "principle" as a dereliction of the judicial role. This was to step entirely away from the delicate process of building or rebuilding transgenerational consensus. Such was the import of his constant critique of moral language, notable in "The

Path of the Law" (KELLOGG, 2007, p. 45).

So, Posner's economic analysis of law is not opposed to Holmes concerns about moral subjectivity. But his emphasis is different. Although it must be said that, about economic approach, Holmes was specifically concerned. A form of moral skepticism, Holmes' pragmatic view of judicial adjudication avoids introducing ideology into legal argumentation. Holmes resisted in accepting introducing economic liberalism theories as a competent reason for deciding constitutional cases (KELLOGG, 2007, p. 106).

It is important to have "a cautionary approach to judicial policy where no clear path has yet been publicly sanctioned" (KELLOGG, 2007, p. 45). When there is no consensus about what policy is lawful, specially in judging constitutionality of statutes, judges should wait.

Posner (2008, p. 237) is also careful to recognize pragmatism as merely an economic approach:

> As a normative theory, economic analysis of law is controversial. A judge's choice to use it to generate outcomes in the open area is an ideological choice except when there is broad agreement that economics should guide then decision; consensus represses ideological conflict.

So, except when the path is already drawn, the judge may not impose his ideology. Holmes' legal realism (or pragmatism) is a clear limitation to the use of normative postulates of economic analysis of law. In his essay *Law and the court*, Holmes (2010, p. 295) defends that judge must not impose his sympathy for a moral doctrine:

> As law embodies beliefs that have triumphed in the battle of ideas and then have translated themselves into action while there still is doubt, while opposite convictions still keep a battle front against each other, the time for law has not come; the notion destined to prevail or not yet entitled to the field. It is a misfortune if a judge reads his conscious or unconscious sympathy with one side or the other prematurely into the law, and forgets that what seem to him to be first principles are believed by half his fellow men to be wrong.

That is why judges should not read his conscious or unconscious sympathy for a moral, political or economic doctrine. It does not mean that moral values are not part of law. It means that judges should not import their own "subjective values under the abstract language of rights" (KELLOGG, 2007, p. 59).

7.4. Conclusion

Economic analysis of law has a normative approach which argues for a judicial activism based on economic consequences of law. According to that, judges should analyze the economic consequences of their decision choosing the public policy which favors wealth maximization. So, wealth maximization should be considered a guide for legal adjudication.

Posner believes in judicial creativity and criticizes legal positivism as an unnecessary idolatry toward the authors of constitutions and statutes. It does not mean that judges are better than legislators, but that statutes and constitutions, alone, are not able to resolve concrete cases.

Holmes has a similar view. He argues in favor of a Common Law method and an eclectic vision of law. Holmes argues that legal positivism enables the fallacy that the only force in development of the law is logic and explains the limits of a positivist approach of law and adjudication, criticizing the syllogistic method.

But Holmes' legal realism is closer to the idea of a judicial restraint. Some characteristics of legal pragmatism are actually compatible with the proposals of legal positivism, notably de defense of rationality. Hard cases are not the field for irrationality. Pragmatism can not fill all the open areas of law, but it can deal with it. So, adjudication may not be objective, but is should be reasonable.

That is why in spite of its emphasis on consequences, Holmes legal realism is not a mere consequentialism. Decisions of the past play an important role in pragmatic adjudication because institutional and systemic consequences are also important. Danger of law uncertainty is an important consequence to be considered in despising a rule.

In his approximation of judicial restraint, Holmes advocates that general propositions can not reason a hard case decision because hard cases involve unforeseen situation and special social circumstances. The use of arguments based on general propositions of moral kind hides true reason of decision. Thus, Holmes defends law can only be apprehended in concrete reality.

Posner also considers that statutes and precedents are important in judicial adjudication. Only after having analyzed the history of the case and examined the precedents and statutes, may the judge use wealth maximization as a general concept to point the decision to the best public policy.

But Holmes' legal realism (or pragmatism) is a clear limitation to the use of normative postulates of economic analysis of law, because judges must not impose his sympathy for a moral, politic or economic doctrine. Pragmatism is wider than a merely economic approach.

BIBLIOGRAFIA

ADEODATO, João Maurício. *Filosofia do Direito: uma crítica à verdade na ética e na ciência*. São Paulo: Saraiva, 2002.

BARROSO, Luiz Roberto. *O direito constitucional e a efetividade de suas normas*. Rio de Janeiro: Renovar, 2001, p. 158.

BELLO, Gabriel. "Introducción. Richard Rorty em la encrucijada de la filosofia postanalítica: entre pragmatismo y hermenêutica". STRECK, Lenio Luiz. *Hermenêutica Jurídica e(m) Crise: uma exploração hermenêutica da construção do direito*. Porto de la filosofia linguística. Barcelona: Paidós Ibérica, 1990.

BIZZOCCHI, Aldo. "Cognição: como pensamos o mundo". *Ciência Hoje*, v. 30, n. 175. Rio de Janeiro: SBPC, 2001.

BOBBIO, Norberto. "Os direitos humanos hoje". *Norberto Bobbio: o filósofo e a política*. Rio de Janeiro: Contraponto, 2003.

BOBBIO, Norberto; BOVERO, Michelangelo. *Sociedade e Estado na Filosofia Política Moderna*. São Paulo: Brasiliense, 1996.

BRUGGER, Winfried. Proibição ou proteção ao discurso do ódio? Algumas observações sobre o Direitos alemão e o Americano. Revista de Direito Público – IDP. Brasília, n.15, jan-mar. 2007. Disponível em: <http://www.Direitospublico.idp.edu.br/index.php/Direitospublico/article/view/521/919>. Acesso em: 13 de mar. 2014.

CANOTILHO, J.J. GOMES. *"Brancosos" e interconstitucionalidade: intinerários dos discursos sobre a historicidade constitucional*. Coimbra: Almedina, 2008.

_____. O direito constitucional como ciência de direção – o núcleo essencial de prestações sociais ou a localização incerta da socialidade (contributo para a reabilitação da força normativa da "constituição social". In: CANOTILHO, J.J. GOMES (Org.). *Direitos fundamentais sociais*. São Paulo: Saraiva, 2010.

CARDOZO, Benjamin. *A natureza do processo judicial*. São Paulo: Martins Fontes, 2004.

COSTA, Sérgio; WERLE, Denilson Luís. "Reconhecer as diferenças: liberais, comunitaristas e as relações raciais no Brasil". AVRITZER, Leonardo; DOMINGUES, José Mauricio. (orgs.) *Teoria social e modernidade no Brasil*. Belo Horizonte: UFMG, 2000.

COKE, Sir Edward. Reports of Sir Edward Coke. V. 2. London: J. Butterworth. 1826.

DANTAS, Ivo. "A recepção legislativa e os sistemas constitucionais". *Revista de Informação Legislativa*. N. 158. Brasília: Senado Federal, 2003.

DANTAS, Ivo. "Direito comparado como ciência". *Revista de Informação Legislativa*, n. 34. Brasília: Senado Federal, 1997.

DANTAS, Ivo. *Direito Constitucional Comparado: introdução, teoria e metodologia*. Rio de Janeiro: Renovar, 2000.

DE CRUZ, Peter. *Comparative law in a changing world*. Cavendish Publishing, 1995.

DWORKIN, Ronald. **O império do direito**. São Paulo: Martins Fontes, 2000.

EPSTEIN, Richard A. *How Progressives rewrote the constitution*. Washington, D. C.: Cato Institute, 2006.

FREITAS, Lorena. O elemento subconsciente na decisão judicial conforme o realismo jurídico de Benjamin Nathan Cardozo. In: FEITOSA, Enoque. [et al.] *O direito como atividade judicial*. Recife: Ed. Dos Organizadores, 2009.

_____.Do realismo jurídico como objeto de análise retórica. In: FEITOSA, Enoque. et. al. (Org.) *Estudos acerca da efetividade do processo e realismo jurídico*. Recife: Faculdade Maurício de Nassau, 2009, p. 167.

GADAMER, Hans-Georg. *Verdade e método I*. Petrópolis: Vozes, 2002.

HABERMAS, Jürgen. *O discurso filosófico da modernidade*. São Paulo: Martins Fontes, 2002.

_____. *A inclusão do outro*. São Paulo: Edições: Loyola, 2002.

HALIS, Denis de Castro. *Por que conhecer o Judiciário e os perfis dos juizes?* Curitiba: Juruá, 2010.

HART, Herbet L. A. *Essays in jurisprudence and philosophy*. Oxford: Oxford University Press, 1983.

HAYEK, Fredrick. The constitution of liberty. University of Chicago Press: Chicago, 1989.

HEGEL, Georg Wilhem Friedrich. *Fenomenologia do espírito*. Petrópolis: Vozes, 2002.

HEIDEGGER, Martin. *Ser e Tempo: parte I*. Petrópolis: Ed. Vozes, 2000.

HERBET, L. A. Hart. *Essays in jurisprudence and philosophy*, 1983.

HOLMES Jr, Oliver Wendell. *Law and the court*. Collected legal papers, 2010.

_____. Lockner Vs New York. In: POSNER, Richard. *The essential Holmes*. Chicago: The University of Chicago Press. 1992, p. 306.

_____. Northern Securities Co. v. United States. In: POSNER, Richard. *The essential Holmes*. Chicago: The University of Chicago Press. 1992, p. 205.

_____. *The path of the law*. Collected legal papers, 2010b.

HONNETH, Axel. *Luta por reconhecimento*. São Paulo: 34, 2003.

HORWITZ, Morton J.; REED, Thomas A. (Orgs.) *American legal realism*. New York: Oxford University Press. 1993.

JAMES, William. *Pragmatismo e outros ensaios*. Rio de Janeiro: Lidador, 1967.

JHERING, Rudolf von. *A evolução do direito*. Salvador: Livraria Progresso, 1956.

KANT, Immanuel. *Crítica da Razão Pura*. Lisboa: Fundação Calouste Gulbenkian, 1997.

KAGAN, Elena. Private Speech, Public Purpose: The Role of Government, Motive in First Amendment. *In:* University of Chicago Law Review, Chicago, v. 63, 1996.

KELLOGG, Frederic R. *Oliver Weldell Holmes, Jr., Legal Theory, and judicial restraint*. Nova Iorque: Cambridge University Press, 2007.

KRELL, Andreas. *Direitos sociais e controle judicial no Brasil e na Alemanha*. Porto Alegre: Sérgio Antônio Fabris Editor, 2002.

KUHN, Thomas. *A estrutura das revoluções científicas*. São Paulo: Perspectiva, 2003, 1998.

LARENZ, Karl. *Metodologia da ciência do direito*. Lisboa: Calouste Gulbenkian, 2005.

MEIRELES, Ana Cristina Costa. *A eficácia dos direitos sociais*. Salvador: Juspodvum, 2008.

MELLO, Celso Antônio Bandeira de. *Curso de Direito Administrativo*.

10 ed. São Paulo : Malheiros. 1998. p. 436.

_____. Privatização e Serviços Públicos. *Revista Trimestral de Direito Público*, São Paulo, n. 22,1998.

MENEZES, Paulo. "Nota do Tradutor". HEGEL, Georg Wilhem Friedrich. *Fenomenologia do espírito*. Petrópolis: Vozes, 2002.

MERRYMAN, John Henry. "Modernización de la ciencia juridica comparada". *Boletin Mexicano de Derecho Comparado. Nueva Serie.* N. 46, México, 1983.

MISES, Ludwig von. *Uma Crítica ao Intervencionismo*. São Paulo: Instituto Ludwig von Mises Brasil, 2010.

_____. *A Mentalidade Anticapitalista*. São Paulo: Instituto Ludwig von Mises Brasil, 2010.

MORIN, Edgar. *Ciência com Consciência*. Rio de Janeiro: Bertrand Brasil, 2000.

OLIVEIRA, Manfredo Araújo. *Reviravolta linguístico-pragmática na filosofia contemporânea*. São Paulo: Edições Loyola, 1996.

PACHECO Mariana Pimentel Fischer. *Subjetividade, Ética e complexidade no direito. A segurança que vem da admissão da insegurança: uma crítica à pressuposição de onipotência que subjaz às razoes jurídicas.* 2004. Dissertação (Mestrado em Direito – Filosofia, Teoria e Sociologia do Direito) Universidade Federal de Pernambuco, Recife.

PEIRCE, Charles Sanders. "How to Make our Ideas Clear". *Selected Wrtings*. Nova Iorque: Dover Publicatons, 1980.

PEIRCE, Charles Sanders. *Semiótica*. São Paulo: Editora Perspectiva, 2000.

PEREIRA DA SILVA, Josué. "Cidadania e reconhecimento". AVRITZER, Leonardo; DOMINGUES, José Mauricio. (orgs.) *Teoria social e modernidade no Brasil.* Belo Horizonte: UFMG, 2000.

PEREIRA, Caio Mario da Silva. "Direito Comparado e seu Estudo". *Revista da Faculdade de Direito da UFMG.* Nova Fase, Belo Horizonte, 1955.

PEREIRA, Caio Mario da Silva. "Direito comparado: ciência autônoma". *Revista da Faculdade de Direito da UFMG.* Nova Fase, Belo Horizonte, 1952.

PIOVESAN, Flávia. Justiciabilidade dos direitos sociais e econômicos: desafios e perspectivas. In: CANOTILHO, J.J. GOMES (Org.). *Direitos fundamentais sociais.* São Paulo: Saraiva, 2010.

PIPES, Richard. *Propriedade e Liberdade.* Rio de Janeiro: Record, 2010.

PLATÃO. "A Répública". *The Dialogues of Plato.* Coleção Great Books of the Western World. V. 6. Chicago: Encyclopaedia Britannica, 1990.

POSNER, Richard. *Direito, Pragmatismo e Democracia.* Rio de Janeiro: Forense, 2010.

_____. *Para além do direito.* São Paulo: WMF Martins Fontes, 2009.

_____. Introduction. POSNER, Richard. *The essential Holmes.* Chicago: The University of Chicago Press. 1992.

_____. *The economics of justice.* 1983.

_____. *Problemas de Filosofia do Direito,* 2007.

POUND, Roscoe. "The call for a realist jurisprudence". FISHER III, William W.; HORWITZ, Morton J.; REED, Thomas A. (Orgs.) *American legal realism.* New York: Oxford University Press. 1993.

PUTNAM, Hilary. *Realismo de rosto humano.* Lisboa: Piaget, 1999.

RABENHORST, Eduardo Ramalho. *A normatividade dos fatos.* João Pessoa: Vieira Livros, 2003.

RÊGO, George Browne. O pragmatismo como alternativa à legalidade positivista: o método jurídico-pragmático de Benjamin Nathan Cardozo. BRANDÃO, Cláudio. (Et. al.) *Princípio da Legalidade: da dogmática jurídica à teoria do direito.* Rio de Janeiro: Forense, 2009.

RÊGO, George Browne. *O Pragmatismo de Charles Sanders Peirce: conceitos e distinções.* In: *Anuário dos cursos de pós-graduação em Direito,* 2003.

ROCHA, Márcio Oliveira. *Ativismo judicial e direito à saúde.* Rio de Janeiro: Lumen Juris, 2013.

RORTY, Richard. "Introdução: pragmatismo como anti-representacionismo". MURPHY, Jonh. *O Pragmatismo: de Peirce a Davidson.* Porto: Edições Asa, 1993.

RORTY, Richard. *A Filosofia e o Espelho da Natureza.* Lisboa: Dom Quixote, 1988.

RORTY, Richard. *A pragmatist View of Comtemporary Analytic Philosophy.* Site da Universidade de Stanford. Disponível em <www.stanford.edu/~rrorty/>. Acesso em: 05 de setembro de 2003.

RORTY, Richard. *Analytic Philosophy and Transformative Philosophy.* Site da Universidade de Stanford. Disponível em <www.stanford.edu/~rrorty/>. Acesso em: 05 de setembro de 2003.

RORTY, Richard. *Conseqüências do Pragmatismo*. Lisboa: Piaget, 1999.

RORTY, Richard. *Contingência, ironia e solidariedade*. Lisboa: Presença, 1994.

RORTY, Richard. *El Giro Linguístico: dificuldades metafilosóficas de la filosofia lingüística*. Barcelona: Paidós Ibérica, 1990.

RORTY, Richard. *Esperanza o Conocimiento? Una introducción al pragmatismo*. Buenos Aires: Fundo de Cultura Econômica.

RORTY, Richard. *Philosophy and social hope*. London: Penguin Books. 1999.

RORTY, Richard. *Pragmatismo, una versión: antiautoritarismo en epistemología e ética*. Barcelona: Ariel Filosofia. 2000.

RORTY, Richard. *The Decline of a Redemptive Truth and the Rise of a Literacy Culture*. Site da Universidade de Stanford. Disponível em <www.stanford.edu/~rrorty/>. Acesso em: 05 de setembro de 2003.

RORTY, Richard. *Truth and progress: philosophical papers*. New York: Cambridge University Press, 1999.

RUSSEL, Bertrand. *The History of Western Philosophy*. New York: Simon & Schuster.

SARLET, Ingo. *A eficácia dos direitos fundamentais*. Porto Alegre: Livraria do Advogado, 2008.

SARMENTO, Daniel. **Livre e iguais: Estudos de Direitos Constitucional.** 2. ed. Rio de Janeiro: Editora Lumen Juris, 2010.

SARMENTO, George. Direito à habitação adequada: o desafio da efetividade e o discurso no judiciário. In: SILVA, Artur Stanford da. *O judiciário e o discurso dos direitos humanos*. Recife: Edufpe, 2011.

SILVA, Virgílio Afonso da. *Direitos fundamentais*. São Paulo: Malheiros, 2012.

SOUSA SANTOS, Boaventura; NUNES ARRISCADO, João. "Introdução: para ampliar o cânone do reconhecimento, da diferença e da igualdade". SOUSA SANTOS, Boaventura. *Reconhecer para libertar: os caminhos do cosmopolitismo multicultural*(org.). Rio de Janeiro: Civilização Brasileira, 2003.

SOUTO, Cláudio. *Da inexistência científico-conceitual do direito comparado*. Recife, 1956.

SOUZA, Jessé. "A dimensão política". AVRITZER, Leonardo; DOMINGUES, José Mauricio. (orgs.) *Teoria social e modernidade no Brasil*. Belo Horizonte: UFMG, 2000.

STRECK, Lenio Luiz. *Hermenêutica Jurídica e(m) Crise: uma exploração hermenêutica da construção do direito.* Porto Alegre: Livraria do Advogado, 2000.

VATTIMO, Gianni. *O fim da modernidade: niilismo e hermenêutica na cultura pós-moderna.* São Paulo: Martins Fontes, 2002.

WARAT, Luiz Alberto. *O Direito e sua Linguagem.* C/colab.Leonel Serevo Rocha. Porto Alegre: Fabris, 1995.

WITTGENSTEIN, Ludwig. *Investigações Filosóficas.* Petrópolis: Vozes, 1994.

WEINSTEIN, James. Hate speech, Pornography, and the Radical Attack on free speech Doctrine. Westview Press: Boulder – CO, 1999.

YAZBEK, Otávio. "Considerações sobre a circulação e transferência dos modelos jurídicos". GRAU, Eros Roberto; GUERRA FILHO, Willis Santiago. *Direito Constitucional: estudos em homenagem a Paulo Bonavides.* São Paulo: Malheiros, 2001.

ZOHAR, Danah: *O Ser Quântico – Uma visão revolucionária da natureza humana e da consciência baseada na nova física.* São Paulo: Best Seller, 1990.

Índice remissivo

www.ingramcontent.com/pod-product-compliance
Lightning Source LLC
Chambersburg PA
CBHW021418210526
45463CB00001B/429